Amazon Echo Spot – inoffizielles Handbuch

Das ultimative Handbuch zum Echo Spot mit Alexa, Anleitungen, Erklärungen, Tipps & Tricks, Zubehör + IFTTT

von Sandro Hümmer

Inhaltsverzeichnis

Liebe Leser und liebe Leserinnen,

direkt zum Beginn möchte ich mich bei Ihnen bedanken, dass Sie sich für dieses inoffizielle Handbuch zum Amazon Echo Spot entschieden haben. Ich kann Ihnen versichern, dass Sie die richtige Wahl getroffen haben und auf den kommenden Seiten einiges über den smarten Wecker von Amazon lernen und erklärt bekommen werden.

Wie Sie vielleicht bereits im Klappentext gelesen haben, richtet sich dieses Buch nicht nur an Besitzer des Amazon Echo Spot, sondern auch an noch unentschlossene Interessenten, die einige Argumente für oder gegen eine Kaufentscheidung suchen. Letztere kann ich an dieser Stelle direkt beruhigen, denn solche Argumente wird es genug geben. Ob für oder gegen eine Kaufentscheidung, dass möchte ich zu diesem Zeitpunkt noch offenlassen.

Mithilfe von allgemeineren Informationen zu Software und Hardware zu Beginn des Ratgebers fällt der Einstieg sicherlich jedem Leser und jeder Leserin sehr einfach. Hier werden teilweise auch Begriffe leicht und verständlich erklärt, sodass die darauffolgenden Kapitel auf einer stabilen Grundlage aufbauen und nicht einfach wahllos Fachbegriffe verwendet werden. Denn es gibt eine Handvoll Begriffe, die im Zusammenhang mit dem Amazon Echo Spot nicht ohne Grund immer wieder vorkommen.

Symbolisch für die Einfachheit der Erklärungen in diesem Handbuch steht die Verpackung des Gerätes. Denn mithilfe dieser werden viele allgemeinere Funktionen und Möglichkeiten geklärt. Schaut man sich die Verpackung des Amazon Echo Spot genau an, so findet man dort nämlich einige hilfreiche Informationen für Interessenten, aber auch für Besitzer des Echo Gerätes. Leider werden viele Begriffe dort nicht genauer thematisiert oder erklärt, was die Verpackung für ganz viele schnell uninteressant macht. Ein Kapitel auf den folgenden Seiten setzt aber genau dort an und erklärt die besagten Begriffe und Funktionen. Alleine dadurch lernt man als Leser oder Leserin schon unglaublich viel.

Weiterhin geht es um die Bedienung, weitere Funktionen, die Einsatzbereiche sowie die Anschlüsse und das mögliche Zubehör, bevor es noch einen Vergleich gibt, der die Spezifikationen der einzelnen Echo Geräte nochmals hervorhebt.

Das letzte Drittel des inoffiziellen Handbuches wird dann von vielen praktischen Informationen, welche sich direkt an der Nutzung des Gerätes orientieren, gefüllt. Neben einer Einrichtungsanleitung sowie Kapitel zur Anpassung und Personalisierung des smarten Weckers geht es letztendlich noch um spezifische Funktionen und die Amazon Alexa Skills. Auch die besonderen Möglichkeiten die IFTTT und die Alexa App bieten werden thematisiert. Als letztes gibt es noch einen genauen Einblick in die Einstellungsmöglichkeiten und eine Empfehlung, für wen sich das Gerät denn nun wirklich eignet.

An dieser Stelle soll das Vorwort enden und das eigentliche inoffizielle Handbuch zum Amazon Echo Spot beginnen. Bevor dies jedoch der Fall ist, möchte ich allen Lesern und Leserinnen jedoch viel Spaß und Freude beim Lesen, beim Lernen und beim Umsetzen der Informationen in den Kapiteln wünschen. Für mich ist der smarte Wecker schon zu einem sehr netten und hilfreichen Begleiter im Alltag geworden und ich hoffe, dass ich auf den folgenden Seiten auch Ihnen dabei helfen kann, dass Sie den Amazon Echo Spot mitsamt seinen Funktionen besser nutzen können und ihn bestenfalls nicht mehr missen möchten.

Was ist der Amazon Echo Spot genau?

Beim Amazon Echo Spot handelt es sich um einen smarten Wecker des Anbieters Amazon, welcher Ende September 2017 erstmals in den Vereinigten Staaten von Amerika auf den Markt kam. Unter einem smarten Wecker kann man sich so sicher schwer etwas vorstellen, daher sollte man diese Beschreibung nochmals präzisieren.

Vom Aussehen her ähnelt der Wecker dem deutlich bekannteren Amazon Echo oder auch dem Amazon Echo Dot wirklich überhaupt nicht. Viel mehr kann man ihn wirklich mit einem größeren und runden Wecker vergleichen. Dies jedoch noch vom Aussehen her, denn vom Funktionsumfang kann man hier wirklich kaum Parallelen ziehen, denn natürlich kann der smarte Wecker von Amazon auch seine Nutzer aufwecken, allerdings ist noch deutlich mehr mit dem kleinen Gerät möglich. Doch zu den zahlreichen verschiedenen Funktionen des Amazon Echo Spot kommen wir im Laufe dieses inoffiziellen Ratgebers nochmals zu sprechen.

Eine weitere Besonderheit des smarten Weckers ist, dass der Amazon Echo Spot nicht nur über Lautsprecher verfügt, über die er neben Weck-Tönen auch andere Audiosequenzen wiedergeben und abspielen kann, sondern auch ein eingebautes und kreisrundes Touch-Display besitzt. Des Weiteren ist auch eine kleine Kamera auf der Innenseite eingebaut, welche für die Videotelefonie genutzt werden kann. Wie bereits erwähnt wird es zu all diesen unterschiedlichen Funktionen und Möglichkeiten, welche der Amazon Echo Spot bietet, in diesem Buch noch einiges zu lesen und zu lernen sein wird. Allerdings hat das intelligente Gerät nicht nur ein Display, einen Lautsprecher und eine Kamera, sondern auch noch drei Knöpfe sowie auch einige Mikrofone zum Aufnehmen der gesprochenen Worte und Sätze. Denn wie auch die anderen Amazon Echo

Produkte basiert das gesamte Nutzerlebnis auf der Sprachsteuerung und der Interaktion des Nutzers mit dem Sprachassistent Alexa.

echo spot

Stylisches, kompaktes Echo mit Bildschirm

Der Amazon Echo Spot ist mehr als nur ein Wecker. Denn bei ihm handelt es sich um eine Art kompaktes Echo mit Bildschirm, dass dazu auch noch sehr stylisch aussieht.

Was ist ein Smarter Wecker?

Damit wären wir auch schon beim nächsten Aspekt; dem smarten Wecker selbst. Denn wie schon im ersten Kapitel angerissen, ist es sicher zunächst etwas schwer wirklich zu begreifen, um was für eine Art von Gerät es sich hier genau handelt. Da das Aussehen schon größtenteils beschrieben wurde, soll es in diesem Kapitel primär um die allgemeinen sowie die technischen Aspekte des smarten Weckers gehen. Vor allem das Wörtchen „smart" muss man in diesem Sinne besonders beachten und auch erst einmal erklären. Einfach übersetzt bedeutet es sowas wie intelligent.

Doch was macht einen Wecker in einem Plastikgehäuse denn nun wirklich intelligent? Diese Intelligenz besitzt der Wecker aufgrund seiner Sprachassistentin Alexa, welche im Amazon Echo Spot genauso wie auch in all den anderen Echo Geräten enthalten ist und sozusagen das Herzstück oder Kernelement des smarten Weckers ist. Allerdings muss dazu gesagt werden, dass es sich bei Alexa nicht um ein bestimmtes Teil des Weckers handelt. Denn die Sprachassistentin läuft über verschiedene technische Bestandteile des Geräts und wird vor allem über eine Internetverbindung genutzt. Diese Interaktion sowie die Abfrage und Steuerung der verschiedensten Inhalte und Plattformen mithilfe der Stimme in Kombination mit dem Zugriff des Weckers auf eine riesige Datenbank von Inhalten und Ergebnissen sowie Möglichkeiten macht das kleine Gerät wirklich smart.

In immer weniger Schlafzimmern steht ein klassischer Wecker, denn wozu braucht man diesen denn auch, wenn das Handy neben der Anzeige des Datums und der Uhrzeit auch eine sehr gute Weckfunktion besitzt, denken sich zahlreiche Menschen. Vielleicht gehören auch Sie dazu. In den seltensten Fällen kann man dies alles aber per Sprache steuern, was wiederum mit dem Amazon Echo Spot möglich ist. Doch dies ist natürlich nicht alles, denn der Zugriff sowie die Nutzungsmöglichkeit der vielen Funktionen und Plattformen des smarten Weckers sind ebenso unterschiedlich wie interessant und hilfreich. Man kann also den klassischen Wecker oder das Smartphone zum Wecken neben dem Bett langfristig entfernen und sich dafür einen smarten Wecker, wie ihn Amazon eben anbietet, nutzen. Diese Geräte sind extra dafür gemacht und passen im Grunde auf jeden Nachttisch oder jede Ablage neben dem Bett. Zudem kann man sie auch ohne jegliche Bedenken in ein bereits dekoriertes Zimmer stellen, da sie durch das minimalistische Design kaum auffallen.

Zwar kann der Amazon Echo Spot auch ganz normal zum Wecken genutzt werden, jedoch steckt in ihm die Sprachassistentin Alexa mit unglaublich vielen weiteren und intelligenten Funktionen.

Wie funktioniert das Streaming des Amazon Echo Spot?

Zur Datenübertragung des smarten Weckers wird vor allem das Streaming genutzt. Dabei handelt es sich um eine Art der drahtlosen Übertragung über eine bestehende Internetverbindung. Bekannt ist der Begriff sicherlich primär aus der Video- und Musik-Streaming Branche über Plattformen wie Netflix oder Spotify. Auch diese Anbieter machen sich das Streaming zu Nutze, um ihren Nutzern und Abonnenten die gewünschten und angebotenen Inhalte zu liefern. Dadurch ist jedoch immer noch nicht klar, wie genau das Ganze abläuft. Dazu nun mehr:

Beim Streaming werden unterschiedliche Daten zwischen einem bestimmten Gerät, dem sogenannten Client, und einem Server bzw. einer Online-Datenbank, auch bekannt als Cloud, hin und her geschickt. Dazu wird im Falle des Amazon Echo Spot die kabellose Internetverbindung per WLAN genutzt. Denn der smarte Wecker bietet weder einen direkten Anschluss per LAN-Kabels bzw. Ethernet-Kabel, noch kann man einen Adapter erwerben, der dies ermöglichen könnte. Dies wäre sehr interessant, da eine Verbindung über ein Kabel immer etwas schneller und konstanter ist, als eine Verbindung per kabelloser Übertragung. Daher stellt Amazon auf der einen Seite aber einen recht leistungsstarken WLAN-Standard zur Verfügung, welcher eine gute und konstante Internetverbindung grundsätzlich gewährleisten kann, auf der anderen Seite sollte man jedoch auch zuhause darauf achten, dass das eigene WLAN einigermaßen leistungsstark ist. Zudem sollte auch ein besonderes Augenmerk auf die Verbindungsstärke gelegt werden, denn umso weiter der smarte Wecker vom WLAN-Router entfernt ist, desto schwächer und inkonstanter ist natürlich auch das Internet selber. Daher muss versucht werden, den Amazon Echo Spot nicht allzu weit vom WLAN-Router entfernt zu platzieren, wenn das möglich ist. Denn es gibt bei der Nutzung eines Gerätes, welches quasi vollkommen auf der Internetnutzung basiert, nichts Nervigeres, als wenn es ständig lange Lade- oder Verbindungszeiten oder sogar Verbindungsabbrüche gibt.

Nochmals zurück zum Streaming, um dieses Prinzip wirklich komplett zu erfassen. Als Nutzer interagiert man per Sprache oder auch per Touch-Display mit dem smarten Wecker. Dabei gibt man Befehle an die Software, welche dann verarbeitet werden. Nach der Kommunikation zwischen Amazon Echo Spot und der Cloud über eine bestehende Internetverbindung gibt das Ausgabegerät innerhalb der aller kürzesten Zeit Antworten oder Funktionen aus. Der Vorteil dieser Kommunikation und dem Abrufen der Daten aus der Cloud über die Internetverbindung haben den großen Vorteil, dass auf dem smarten Wecker selber kaum Speicherplatz benötigt wird, da kaum Daten auf dem Gerät selber gespeichert werden, sondern lediglich aus der Cloud abgerufen und nur über den Amazon Echo Spot ausgegeben werden. Daher handelt es sich bei dem sogenannten Client beim Streaming eigentlich nur um ein Ausgabegerät der Daten und Informationen aus der Cloud.

Genau das ist auch der große Unterschied zum Downloaden, bei dem Daten und Informationen zwar auch über eine Internetverbindung aufgerufen werden, danach jedoch auf dem Client nicht nur wiedergegeben, sondern auch direkt gespeichert werden. Daher wird bei erneutem Wiedergeben einer bereits genutzten Datei nicht wieder eine Internetverbindung benötigt, dafür jedoch eine Menge Speicherplatz. Zudem kann man beim Downloaden nicht garantieren, dass es sich bei der ausgewählten Datei auch wirklich um die aktuellste Version handelt. Nimmt man all diese Fakten und Unterschiede zusammen, fällt zwar auf, dass eine bestehende Internetverbindung zwischen WLAN-Router und dem Amazon Echo Spot essentiell ist, jedoch auch für den großen Funktionsumfang sowie die vielen unterschiedlichen Dateien, welche man als Nutzer des smarten Weckers abrufen kann, das Streaming im Grunde genau die richtige Variante ist. Denn es wird weder Speicherplatz verbraucht, noch ruft man keine veralteten Dateien oder Informationen auf.

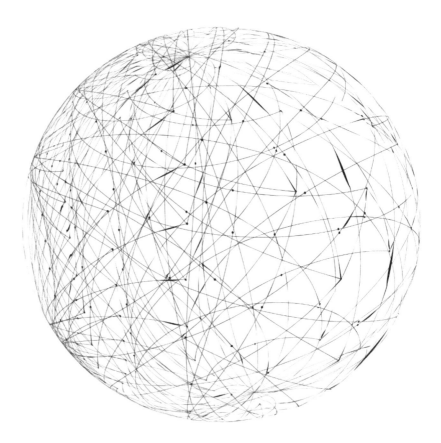

Das Streaming macht die Nutzung des smarter Weckers von Amazon deutlich komfortabler und setzt dabei auf eine ständige und konstante Internetverbindung zum Laden der verschiedenen Inhalte.

Was benötigt man, um den kleinen smarten Wecker von Amazon zu nutzen?

Nachdem ausführlichen Kapitel zum Thema Streaming sollte nun definitiv klar sein, dass eine Internetverbindung das aller wichtigste für die Nutzung des Amazon Echo Spot ist. Daher benötigt man einen guten Platz für das Gerät, an dem die Internetverbindung gut genug ist, um eine konstante Verbindung zu ermöglichen. Leider wird bekanntlich keine Schnittstelle oder kein Adapter für ein LAN-Kabel angeboten, damit muss man jedoch leben und auch so kann man eine gute Internetverbindung per WLAN herstellen und nutzen.

Doch alleine mit der WLAN-Verbindung zwischen Router und Amazon Echo Spot ist es nicht getan, denn natürlich braucht der smarte Wecker erst einmal Strom. Diesen bekommt er über das mitgelieferte Stromkabel, welches man über ein ebenfalls mitgeliefertes Netzteil mit der Steckdose und dann auch mit dem Gerät selber verbindet. Das Kabel ist ganze 180 Zentimeter lang, weshalb die Steckdose doch ein Stück weit vom Platz, an dem der Amazon Echo Spot platziert werden soll, entfernt sein. Sollte die Entfernung zwischen Steckdose und dem Stellplatz doch zu groß sein, so sollte man laut Hersteller besser kein anderes Stromkabel kaufen, da es dadurch zu Komplikationen kommen kann. Denn Amazon selber bietet lediglich das mitgelieferte Stromkabel an und verkauft keine längeren Kabel für den smarten Wecker. Daher greift man besser zu einem Verlängerungskabel, bei dem man die Länge selbst bestimmen kann und sicherlich auch direkt beim Online-Versandhändler eines dieser Kabel in der gewünschten oder benötigten Länge finden kann.

Nachdem diese beiden Grundvoraussetzungen geklärt sind, gibt es noch eine dritte Voraussetzung für die Nutzung des Amazon Echo Spot. Denn wie auch bei allem anderen Amazon Echo Produkten benötigt man ein Amazon Konto. Dazu muss es nicht zwingend ein Amazon Prime Konto sein, wodurch monatliche oder jährliche Abonnementkosten anfallen. Jedoch hat man mit diesem Konto auch in Kombination mit der Nutzung des smarten Weckers die üblichen Vorteile. Diese sind neben kostenlosem und schnellerem Versand auch der Zugriff auf den Video-Streaming Dienst Amazon Prime Video und der Zugriff auf den Musik-Streaming-Dienst Amazon Prime Music. Es empfiehlt sich auch für die Nutzung des Amazon Echo Spot das normale Amazon Konto zu nutzen, vorausgesetzt man hat bereits eins, denn bereits gespeicherte Daten und Informationen können weiter genutzt und verarbeitet werden. Hat man sich dann am Gerät selber angemeldet, so werden die Daten sofort synchronisiert und viele Dateien oder auch Käufe im Amazon App Store sind auf den unterschiedlichen Plattformen und Geräten nutzbar.

Neben einem Stromanschluss sowie einem Amazon Konto, ist die WLAN-Verbindung die wichtigste Voraussetzung für den Amazon Echo Spot und all seine Funktionen.

Aus was besteht der Amazon Echo Spot?

Rein äußerlich erkennt man zwei Hauptbestandteile des smarten Weckers; das Kunststoffgehäuse sowie das Farbdisplay.

Ersteres wirkt sehr glatt und hochwertig, aber auch sehr passend für einen intelligenten Wecker, vor allem das matte Schwarz passt im Grunde in jedes Zimmer. Neben Schwarz kann man sich das Gerät auch in Weiß kaufen, welches durchaus auch sehr stylisch und modern aussieht, daher bietet Amazon diese Farbe ebenfalls für seine Kunden und Interessenten an. Allerdings sollte dabei jedoch beachten, dass auch beim weißen Amazon Echo Spot die Umrandung des Displays schwarz ist.

Damit wären wir auch schon beim zweiten Hauptbestandteil; dem 2,5 Zoll großen Display. Mit einer Display-Diagonalen, ohne Umrandung übrigens, von 6,4 Zentimeter ist dieses nicht sonderlich groß, reicht jedoch aus, um alles gut zu erkennen und gut bedient werden zu können. Das Bild ist klar und zeigt die Farben sehr stark und leuchtend, sodass man jegliche Dinge auf dem Display wirklich trotz der kleinen Größe sehen und erkenn kann.

Direkt über dem kreisrunden Display befindet sich die Frontkamera des smarten Weckers, in der Umrandung, welche ebenfalls komplett rund ist und bei ausgeschaltetem Display leicht dunkler, als das Display ist.

Außer den Hauptbestandteilen und der kleinen Frontkamera auf dem Umrandungs-Kreis erkennt man auf der Oberseite bzw. der Rückseite, also hinter dem Display, neben vier rechteckig angeordneten Mikrofon-Löchern zur Erkennung der Sprache auch noch drei Tasten sowie zwei weitere Schnittstellen, etwas weiter unten auf der Rückseite für Strom und Audio. Auf die genaueren Funktionen dieser Tasten und Anschlüsse gehen wir jedoch im Laufe dieses Ratgebers noch einmal genauer ein. Damit ergeben sich die Abmessungen des Amazon Echo Spot von 104 Millimeter x 97 Millimeter x 91 Millimeter bei einem Gewicht von 420 Gramm.

Sicherlich sollte jedem klar sein, dass im Gehäuse des smarten Weckers nicht nur die Technik für das Display steckt, sondern noch deutlich mehr. Von außen jedoch kann man nichts davon erkennen, bis auf einen ganz wichtigen Bestandteil; der integrierte Lautsprecher. Denn am unteren Rand des Gehäuses findet man die um 360 Grad angeordneten Lautsprecher-Schlitze, damit die Töne nach außen und bis an unsere Ohren klingen können. Bei dem integrierten Lautsprecher, der sich im Inneren des Gehäuses befindet, handelt es sich um einen 36 Millimeter Hochton-Lautsprecher. Dieser hat vor allem seine Stärken in der Wiedergabe von vielen dicht aufeinander folgenden Impulsen und durch die recht kleine Membran auch in der Bündelung des Schalls bei höheren Frequenzen. Dadurch wird die Wiedergabe der unterschiedlichsten Töne des smarten Weckers auch innerhalb eines größeren Raumes gewährleistet.

Der Knaller des kleinen runden Weckers sind definitiv nicht die verbauten Lautsprecher, viel mehr ist es das runde Touch-Display, das zahlreiche zusätzliche Funktionen ermöglicht.

Was erfährt man alles auf der Verpackung des smarten Amazon Weckers?

Die rechteckige schwarze Verpackung des Amazon Echo Spot trägt selber keine Informationen oder Beschriftungen, versteckt sich jedoch unter einem hellblauen Pappschieber, auf welchem dagegen mehr als genug Informationen und Beschriftungen zu finden sind. Diese dienen primär dazu, dass sich der Kunde einen kurzen Überblick über den Funktionsumfang und über die Möglichkeiten machen kann. Außerdem findet man Bilder des smarten Weckers sowie einige Partner, welche mit dem Gerät kompatibel sind und ihre Dienste, in Form von Skills, für Amazon Echo bereitstellen.

Die Verpackung des Amazon Echo Spot teilt dem Käufer bereits vor dem Auspacken einige sehr wichtige Informationen mit, die in den folgenden Absätzen genau erklärt werden.

Die Vorderseite der Verpackung

Auf der Vorderseite des Pappschiebers findet man zunächst einmal einen großen Schriftzug des Echo Spot mit der Unterschrift „Stylisch, kompaktes Echo mit Bildschirm". Dies verrät uns schon einmal drei essentielle Fakten. Denn erstens handelt es sich um eines der Amazon Echo Geräte und hat daher wohl auch die gleichen oder sehr ähnliche Funktionen. Zudem kommt es, zweitens, mit einem Bildschirm bzw. Display und ist drittens stylisch und kompakt. Um letzteren Fakt zu unterstreichen ist auf der kompletten rechten Seite der Vorderseite ein schwarzer Amazon Echo Spot abgedruckt. Auf diesem kann man einen Videoanruf auf dem Gerät sehen, womit gleich eine erste beeindruckende Funktion gezeigt wird. Nun fehlt noch die linke Seite, auf der man unter dem Schriftzug einige Sprachbefehle für die Sprachassistentin Alexa lesen kann. Neben *„Alexa, ruf Kate an"* und *„Weck mich um 6:00 Uhr morgens"* findet man auch *„Spiel überall klassische Musik"* sowie *„Schalte das Licht aus"* in weißer Schrift auf dem hellblauen Untergrund. Darunter, in der linken unteren Ecke, hat Amazon sein allseits bekanntes Logo abgedruckt. In der rechten unteren Ecke dagegen findet man in einem Kästchen ein Zeichen, neben welchen „Far-Field Sprachsteuerung" steht.

Bei der Far-Field Sprachsteuerung handelt es sich um eine im Amazon Echo Spot verbaute bzw. unterstützte Technik der Spracherkennung. Diese legt den Grundstein für die Steuerung und Bedienung des smarten Weckers und der ganzen Skills und weiteren Funktionen per Sprache. Außerdem ist sie essentiell für die leichte und angenehme Nutzung, denn viele Nutzer wollen vielleicht, um mit der Sprachassistentin Alexa zu kommunizieren und zu interagieren nicht direkt an die Mikrofone des Gerätes herantreten, sondern wollen auch aus einer bestimmten Entfernung im Zimmer ihre Sprache zur Steuerung des Echo Spots verwenden.

Bei vielen anderen technischen Geräten, wie beispielsweise auch bei zahlreichen Smartphones können die Mikrofone gesprochene Worte nur aus kürzester Distanz verstehen, erkennen, aufnehmen und letztendlich verarbeiten. Auch viele Smartphone Hersteller erhöhen diese Reichweite immer mehr, jedoch ist sie dabei nicht so wichtig, wie für die Bedienung von smarten Weckern oder Lautsprechern, wie auch bei Amazon Echo, bei welchen die Nutzung und Bedienung auf einem Sprachassistenten bzw. einer Sprachassistentin basiert.

Daher setzt Amazon bei seinen Echo Geräten auf die Far-Field Sprachsteuerung, damit die Stimmerkennung sowie die Sprachverarbeitung bei diesen smarten Geräten wirklich über eine größere Distanz innerhalb eines Raumes möglich ist. Das bedeutet, dass sich der Amazon Echo Spot und der Sprecher zwar im selben Raum befinden sollten, jedoch können beide durchaus weit voneinander entfernt sein. Trotzdem ist eine deutliche und klare Aussprache immer noch von Bedeutung. Allerdings können Distanzen von bis zu zehn Metern tatsächlich keine Schwierigkeit für die Mikrofone mit der Far-Field Spracherkennung des smarten Lautsprechers sein. Auch Nebengeräusche, solange sie nicht allzu laut oder dominant sind, können gefiltert werden.

Damit sollten die Vorteile dieser besonderen Art der Spracherkennung bzw. Sprachsteuerung klar geworden sein, jedoch noch nicht, was die Far-Field Sprachsteuerung technisch gesehen ist. Es handelt sich um mehrere Verarbeitungsalgorithmen des Audios, welches über die Mikrofone auf der Oberseite des Amazon Echo Spot aufgenommen und dann mithilfe dieser Algorithmen aufgenommen und verarbeitet wird. Diese befinden sich nur auf einem ganz kleinen Bauteil im Inneren des smarten Weckers und bilden die Grundlage für eine gute Spracherkennung und Sprachsteuerung des Amazon Echo Spot.

Den Amazon Echo Spot kann man bekanntlich auf zwei unterschiedliche Arten steuern; zum einen mit dem Finger über das Display. Zum anderen aber eben auch „Hands-free" per Sprache. Dabei gleicht das Gerät einer Freisprechanlage, welche ganz einfach mit dem Wort „Alexa" gestartet wird. Für die zweite und letzte Art der Steuerung ist die Far-Field Sprachsteuerung also wirklich die Grundvoraussetzung für eine problemlose und sehr einfache Nutzung und Steuerung des smarten Weckers.

Die Rückseite der Verpackung

Dreht man die Verpackung des Amazon Echo Spot nun um, so sieht man sehr viel Text, aber auch drei Abbildungen des Gerätes selber.

Mit diesen Bildern des smarten Weckers fangen wir auch direkt einmal an, obwohl sich diese eher am unteren Rand der Rückseite befinden. Genauer gesagt handelt es sich um drei Bilder des Amazon Echo Spots in der weißen Version. Auf jedem Display findet sich unterschiedliche Anzeigen, auf welchen man unterschiedliche Funktionen des Geräts sehen kann. Beginnen wir von ganz links; hier sieht man, dass auf dem smarten Wecker Musik gespielt und zusätzlich der Songtext angezeigt werden kann. Zudem steht immer der jeweilige Sprachbefehl darunter, welcher hier wie folgt, lautet; *„Spiele neunziger Musik"*. In der Mitte sieht man Wetterinformationen auf dem runden Display des Echo Spot und darunter den Sprachbefehl; *„Wie wird das Wetter morgen?"*. Als letztes sieht man ganz rechts das Bild einer Kamera im Babyzimmer auf dem smarten Wecker mit der Bildunterschrift; *„Zeige die Kinderzimmer-Kamera"*.

Damit können wir uns auch dem Wesentlichen auf der Rückseite der Verpackung widmen, denn diese Abbildungen sowie die Bildunterschriften mit den Sprachbefehlen zeigen wirklich nur einige wenige Funktionen und Möglichkeiten. Deutlich mehr erfährt man jedoch in den fünf Absätzen darüber. Diese wollen wir nun auch der Reihe nach kurz wiedergeben und die wichtigsten Informationen dazu herausstellen.

Im ersten Absatz, welcher das Motto der Vorderseite wieder aufgreift, „Stylisch, kompaktes Echo mit Bildschirm", wird gesagt, dass das kleine Gerät quasi überall hinpasst und basierend auf der Far-Field Spracherkennung auch

Videotelefonate oder normale Anrufe super funktionieren. Zudem kann man den smarten Wecker natürlich zum Wecker-Stellen, aber auch zum Steuern von zahlreichen Lampen bzw. Lichtern, zum Erfragen von Pendelzeiten oder auch zum Wiedergeben von aktuelle Nachrichten sowie vielen weiteren Dingen nutzen und einsetzen.

Um die Sprache geht es im zweiten Absatz auf der Rückseite, denn der Amazon Echo Spot verbindet die cloudbasierten Sprachassistentin Alexa mit tausenden unterschiedlichen Alexa Skills. Bei der Nutzung dieser sogenannten Skills, welche im Laufe dieses inoffiziellen Handbuchs nochmals genauer erklärt und thematisiert werden, steht tatsächlich die Sprache im Mittelpunkt und nicht die Bedienung über das kleine Display des smarten Weckers. Außerdem wird der Sprachassistent von Amazon immer smarter und wird immer wieder mit zahlreichen neuen Funktionen bzw. Skills erweitert und verbessert.

Die Musikwiedergabe auf dem Amazon Echo Spot wird nicht nur in der ersten Abbildung unterhalb der Texte thematisiert, sondern ist auch Hauptbestandteil des dritten Absatzes. Denn mit dem smarten Wecker kann man Musik und auch Bücher in Form von Hörbüchern in jedem Raum im Haus oder der Wohnung hören. Dazu kann man einfach nach Songs, Genres, Interpreten oder Songtexten fragen, welche dann genau nach Wunsch, am besten natürlich mit dem hauseigenen Musik-Streaming Dienst Amazon Musik, wiedergegeben werden. Doch auch das Streamen von Musik über Spotify, von Radiosendern über TuneIn Radio oder von Hörbüchern über Audible sind möglich.

Des Weiteren wird auch die Multiroom-Wiedergabe angesprochen, welche kurz gesagt die Musikwiedergabe auf mehreren Amazon Echo Geräten in verschiedenen Räumen mit kompatiblen Musik-Streaming Diensten ermöglicht. Man kann also synchron auf mehreren kompatiblen Audioausgabegeräten, welche sich eben in mehreren Räumen befinden können, Musik oder Hörbücher abspielen.

Auch das Thema des vierten Absatzes wird bereits in einer Abbildung angesprochen, allerdings nicht auf der Rückseite, sondern auf der Vorderseite der Verpackung. Es geht um die Sprach- und Videoanrufe, welche mit dem smarten Wecker möglich sind. Jedoch kann man nicht einfach jeden an jedem Gerät anrufen, sondern die Anrufe sind nur auf Amazon Echo Geräte und dementsprechend auch Amazon Echo Nutzer beschränkt. Besitzt man allerdings selber ein Amazon Echo Gerät und die Person, die man anrufen möchte, egal ob Familienmitglieder im Haus, Freunde in einer anderen Stadt oder Verwandte in einem anderen Land, so sind Telefonate über die Echo Geräte kein Problem. Man sollte aber daran denken, dass Videoanrufe lediglich möglich sind, wenn beide Gesprächspartner entweder einen Amazon Echo Spot oder einen Amazon Echo Show besitzen, da dies die einzigen Echo Geräte mit einer Frontkamera und einem Display sind. Trotzdem funktionieren normale Anrufe auch zwischen allen anderen Amazon Echo Geräten, wie beispielsweise zwischen dem Amazon Echo Spot und dem Amazon Echo Dot. Auch das Schreiben bzw. Diktieren und anschließendes Senden von Nachrichten ist zwischen einzelnen Amazon Echo Geräten möglich.

Im fünften und damit letzten Absatz der Verpackungsrückseite geht es um das sogenannten Smart Home Control. Diese drei Worte umfassen unglaublich viele Möglichkeiten, welche der

Amazon Echo Spot anbietet. Die Steuerung von kompatiblen Smart Home Geräten ist hier der zentrale Aspekt. Über den smarten Wecker von Amazon kann man also intelligente und kompatible Geräte, wie Lampen, Thermostate, Überwachungskameras der Eingangstür, Kinderzimmer-Kameras, Türschlösser und vieles mehr steuern. Die Steuerung dieser unterschiedlichen Smart Home Geräte kann auch einfach über die Sprache geschehen und ist wieder eng mit den Alexa Skills verknüpft. Aus diesem Grund folgen natürlich noch weitere und genauere Informationen zum Thema Smart Home Control.

Die rechte Seite der Verpackung

Auf der rechten Seite der Verpackung findet man vier fettgedruckte Begriffe mit nebenstehenden Symbolen, welche zu diesen Begriffen passen. All diese Begriffe sollen nun einmal etwas genauer und einzeln erklärt werden.

Nicht ohne Grund ist die Sprachsteuerung mit dem Sprachassistenten bzw. besser gesagt der Sprachassistentin Alexa hier an erster Stelle aufgeführt. Denn wie bereits erwähnt wurde, basiert die Nutzung des Amazon Echo Spot maßgeblich auf Alexa und deren Fähigkeiten und Skills, welche extra für diese erstellt und angeboten werden. Mit Verkaufsbeginn des Amazon Echo und des Amazon Echo Spot in Deutschland hat die smarte Sprachassistentin Alexa Einzug in zahlreichen Haushalten in der Welt und auch in Deutschland gefunden und unterstützt oder unterhält die unterschiedlichsten Menschen im Alltag. Vor allem die Smart Home Steuerung ist maßgeblich durch Sprachassistenten in Deutschland immer einfacher und dadurch auch immer beliebter geworden. Dies hängt natürlich eng damit zusammen, dass man die Smart Home Produkte der unterschiedlichsten Hersteller und Anbieter ganz einfach über ein Gerät steuern kann. Das Ganze dann sogar noch nur mit der Stimme über einen smarten Sprachassistenten gesteuert war und ist immer noch eine wirkliche Erfolgsgeschichte.

Wie sicherlich bekannt ist, kann man Alexa nicht nur über den Amazon Echo Spot nutzen, sondern natürlich auch mit dem Amazon Echo, dem Amazon Echo Dot und dem Amazon Echo Show. Doch auch mit dem Amazon Fire TV Stick ist Alexa kompatibel sowie nutzbar, seit Amazon dies mit einer neuen Generation nachgerüstet hat. All diese Geräte können untereinander über ihre smarte Sprachassistentin kommunizieren und Informationen sowie Daten austauschen. Außerdem kann über eine passende Smartphone und Tablet App mit Alexa kommuniziert werden. Für all diese Geräte bildet die Sprachassistentin Alexa also die Grundlage der Nutzung und Steuerung und kann überall ganz einfach über das Wort „Alexa" gestartet und genutzt werden. Diese Einfachheit zeichnet die

Nutzung eben wirklich aus, denn es ist doch jedem Nutzer möglich, mit seinen eigenen Worten Dinge zu erfragen oder Befehle vorzutragen, mit welchen dann bestimmte bzw. geforderte Aktionen ausgeführt werden.

Wie auch die Grundinhalte und Funktionen des Amazon Echo Spot basiert auch der Sprachassistent auf einem Cloud-System. Dadurch bekommt Alexa ständig neue Funktionen, aktuelle Informationen und immer bessere Möglichkeiten und Inhalte. Außerdem wird dadurch der ständige Erweiterungsprozess weiter unterstützt und im Grunde überhaupt erst ermöglicht. Wirklich toll für den Nutzer daran ist, dass die meisten Updates und Fehlerbehebungen sowie tatsächliche Erweiterungen mit neuen Funktionen in der Cloud und nicht am Gerät selber gemacht werden. Als Nutzer merkt man also gar nicht, wenn Amazon oder deren Partner neue Inhalte hinzufügen, außer natürlich man lässt sich benachrichtigen oder schaut immer Mal nach, was es aktuell alles Neues gibt. Es ist doch für jeden selten erfreulich, wenn man den verschiedensten Geräten neue Updates machen muss. Egal ob beim Smartphone, dem Tablet, dem Smart TV oder auch dem Computer sowie der Spielekonsole; ganz selten spürt man wirklich eine Neuerung oder Verbesserung des vorherigen Zustandes. Trotzdem wird man, vor allem bei einer nicht so sehr leistungsstarken Internetverbindung bzw. Internetverbindungsstärke man unendlich langen Wartezeiten oder Update-Downloadzeiten gequält und kann meistens in dieser Zeit nicht einmal auf das Gerät zurückgreifen, obwohl man es doch vielleicht sogar gerade bräuchte.

Ein weiterer sehr positiver Aspekt, welcher direkt mit der Sprachassistentin Alexa in Verbindung steht, ist die Erweiterung der Möglichkeiten und Inhalte. Denn mit steigender Nutzerzahl steigen auch die Quantität sowie die Qualität der Inhalte. Dies trifft zu, da Amazon nicht nur Nutzerdaten sowie Fehler aus Abfragen der Nutzer auswertet, verarbeitet und anschließend verbessert oder neu hinzufügt, sondern da auch die Nutzer selber zur Erweiterung der Inhalte in Form von Informationen und vor allem in Form von eigenen Amazon Alexa Skills beitragen können und dies auch aktiv tun. Denn als ganz normaler Nutzer hat man doch relativ einfach die Möglichkeit, einen oder mehrere eigene Alexa Skills zu erstellen und zu veröffentlichen, um sich selber und auch zahlreichen anderen Nutzern der Alexa Skills den Alltag zu erleichtern. Zum Glück ist das Erstellen eines Amazon Alexa Skills auch gar nicht ganz so schwer und es wird im Laufe dieses inoffiziellen Handbuchs auch noch kurz erklärt. Damit wird Alexa auf lange Sicht gesehen, immer smarter und besser, da die immer größer werdende Nutzeranzahl sowohl passiv, als auch aktiv dazu beiträgt.

Die Alexa-Sprachsteuerung bildet die Grundlage der kompletten Steuerung des Amazon Echo Spot.

Bluetooth

Auch die drahtlose Datenübertragung über Bluetooth ist mit dem Amazon Echo Spot möglich, wie uns die Aufschrift auf der Verpackung verrät. Diese Datenübertragungstechnik kann verwendet werden, um externe Audioausgabegeräte, wie Lautsprecher, ganz unkompliziert über eine Bluetooth-Verbindung zu koppeln. Natürlich bietet der smarte Wecker auch den Luxus einer anderen Verbindungsmethode, die Kabelverbindung über ein 3,5 Millimeter Stereo-Kabel, sowie die Audioausgabe über den eigenen, integrierten Lautsprecher im Inneren des kleinen Gehäuses. Jedoch sollte klar sein, dass man von der Soundqualität keine Wunder erwarten sollte, denn gute Hardware braucht meistens auch etwas Platz bzw. hat einfach eine gewisse Größe, vor allem im Audioausgabebereich. Daher empfiehlt sich die Audioausgabe über den integrierten Lautsprecher des Amazon Echo Spot bei häufigem Musik- oder Hörbuchhören eher weniger und man sollte eher auf einen externen Lautsprecher oder eine richtige Musikanlage zurückgreifen, wenn man so etwas in seinem Besitz hat oder sich noch zulegen möchte. In diesem Fall hat die Bluetooth Verbindung gegenüber der Kabelverbindung natürlich die Nase vorne, denn über eine größere Distanz zwischen Amazon Echo Spot und externem Lautsprecher oder Musikanlage ist es immer schwierig ein Audiokabel zu verlegen. Zudem möchten die wenigsten Menschen ein Kabel offen im Zimmer liegen haben, was meistens dann doch gemacht werden muss, wenn man nicht gerade ein Regal oder einen Schrank zwischen beiden Geräten stehen hat, welche das Kabel verdecken könnten. Ansonsten bietet es sich an die Kabel bei einer neuen Wohnung oder einem neuen Haus direkt zu verlegen, sodass diese später nicht mehr sichtbar sind, da die wenigsten Interessenten oder Nutzer gerade Umziehen oder neu bauen, ist für die meisten Nutzer die Verbindung über Bluetooth sicher am attraktivsten.

Auch die Qualität des Sounds ist nicht wie vor einigen Jahren noch stark abgeschwächt. Man kann nicht verneinen, dass bei der drahtlosen Übertragung des Audios zwischen den Amazon Echo Spot und dem externen Lautsprecher etwas an Soundqualität verloren geht, jedoch ist dieser Verlust für die meisten kaum hörbar, wenn man nicht genaustens drauf achtet. Trotzdem empfiehlt sich auf eine kurze Distanz zwischen smartem Wecker und externen Lautsprecher doch eher ein Audiokabel, da hier die Verbindung wirklich am besten und sichersten ist. Jedoch kann man wirklich ohne Probleme die Verbindung über Bluetooth nutzen.

Amazon führt einige Lautsprecher auf, welche sich am besten für die Verbindung mit dem Amazon Echo Spot eignen. Darunter sind vor allem Bluetooth-Lautsprecher der Hersteller Bose, Ultimate Ears (UE), Denon und die hauseigenen Amazon Basics Lautsprecher.

Neben der Kompatibilität des smarten Weckers mit Amazon Musik, Spotify und TuneIn Radio, welche alle standardmäßig vorhanden sind und abgerufen werden können, kann man über die Verbindung per Bluetooth auch andere Musik-Streaming Dienste, wie Apple Music nutzen. Dies funktioniert ebenfalls relativ einfach, da man einfach eine Bluetooth-Verbindung zwischen dem Amazon Echo Spot und dem eigenen Smartphone oder Tablet herstellen kann. Ist dies geschehen, so streamt man die Musik der auf dem Smartphone oder Tablet installierten und geöffneten Musik-Streaming Dienste auf dem smarten Wecker. Man streamt also im Grunde bereits gestreamte Audioinhalte einfach weiter an ein anderes Gerät, wobei das erste Streaming von der Musik-Streaming Plattform über eine bestehende Internetverbindung läuft und das zweite Streaming zwischen

Smartphone oder Tablet und dem Amazon Echo Spot über die angesprochene Verbindung über Bluetooth funktioniert.

Dabei wird auf die Unterstützung des Advanced Audio Distribution Profile, kurz A2DP, zurückgegriffen. Dies ist die Grundvoraussetzung für das Streaming eines Audios von Smartphones und Tablets auf dem Amazon Echo Spot, aber auch für das Streaming eines Audios vom Amazon Echo Spot auf einem kompatiblen externen Lautsprecher.

Damit die Sprachsteuerung auch mit den verbundenen Geräten klappt, wird eine weitere Unterstützung genutzt. Es handelt sich um das Audio/Video Remote Control Profile, kurz AVRCP, welches die Grundvoraussetzung für die Steuerung per Sprache der verbundenen Smartphones, Tablets und Bluetooth-Lautsprecher ist. Allerdings ist diese Sprachsteuerung etwas eingeschränkt, da sie sowohl auf Mac OS X-Geräten sowie auch auf Bluetooth-Lautsprechern mit einer erforderlichen Eingabe eines PINs nicht funktioniert.

Bluetooth stellt eine Alternative zur Kabelverbindung zwischen dem smarten Wecker und einem Lautsprecher oder einer Anlage dar.

33

Neben der drahtlosen Verbindung über Bluetooth ist auch die drahtlose Verbindung über WLAN möglich. Dien zwei großen Unterschiede dabei sind, dass es sich bei der WLAN-Verbindung um eine Internetverbindung handelt, was bei Bluetooth nicht möglich ist. Zudem ist die WLAN-Verbindung essentiell wichtig für die Funktionsweise des Amazon Echo Spot und auf die Bluetooth-Verbindung zu einem externen Lautsprecher oder Mobilgerät kann man im Notfall auch verzichten. Denn der smarten Wecker funktioniert ausschließlich über eine bestehende Internetverbindung und da es nicht möglich ist, ein LAN-Kabel an das kleine Gerät anzustecken, muss man zwangsläufig die WLAN-Verbindung nutzen. Dies sollte eigentlich bereits im Kapitel zur Datenübertragung dieses Ratgebers deutlich geworden sein.

Damit eine konstante und gute Verbindung auch von Seiten des Amazon Echo Spot gewährleistet werden kann unterstützt das Gerät einen sehr aktuellen und guten WLAN-Standard, der ein Gigabit-Niveau bei der Datenrate zulässt.

Gut am Dualband-WLAN, welches 802.11 a/b/g/n Netzwerke unterstützt ist, dass es sowohl im 2,4 Gigahertz, als auch im 5 Gigahertz-Bereich arbeiten kann. Das 5 Gigahertz-Band ist dabei deutlich besser und moderner und wird auch von den meisten WLAN-Routern unterstützt und genutzt, da es sich um die neuere und leistungsstärkere Art der Verbindung handelt, da hier deutlich mehr Funkkanäle überlappungsfrei benutzt werden können. Durch diese starke Signalübertragungstechnik kann im Grunde wirklich eine gute Internetverbindung zwischen Router und smartem Wecker garantiert werden, wenn der Router auch leistungsstark genug ist und den 5 Gigahertz-Bereich unterstützt. Dann kann wirklich der komplette Leistungsumfang dieses WLAN-Standards ausgenutzt werden und man hat eine deutlich schnellere Internetverbindung im Vergleich zum 2,4 Gigahertz-Bereich. Doch auch dieser Bereich ist wichtig für bestimmte Verbindungen. Denn ältere Router oder Verbindungsgeräte unterstützen meistens nur diese ältere und leistungsschwächere Übertragungsart. Jedoch unterstützen wirklich fast alle Router, welche die meisten Menschen in Deutschland zuhause stehen haben diesen schnelleren Bereich.

Beachten sollte man allerdings, dass weder ad-hoc-Netzwerke, noch Peer-to-Peer-Netzwerke zur Verbindung mit dem Amazon Echo Spot geeignet sind. Es handelt sich dabei beispielsweise um Netzwerke von Rechnern, welche untereinander gleichberechtigt zusammenarbeiten und Dienstleistungen und Funktionen untereinander anbieten und annehmen. Jedoch ist man von dieser Einschränkung als normaler WLAN-Nutzer bzw. Besitzer eines WLAN-Routers nicht betroffen und muss sich dementsprechend keine Sorgen oder Gedanken machen.

Die WLAN-Verbindung ist der wichtigste Faktor für die Funktionalität des Amazon Echo Spot, ohne diese geht kaum etwas.

Audioausgang

Auf der hinteren Oberseite des Gehäuses findet man direkt neben der Schnittstelle für den Stromanschluss auch ein rundes Loch, in welches man ein 3,5 Millimeter Klinken-Kabel bzw. Stereo-Kabel stecken kann. Dies dient, wie bereits unter den Informationen zum Bluetooth erwähnt, zur Verbindung des Amazon Echo Spot mit einem externen Lautsprecher oder sogar einer Musikanlage.

Diese Kabel erhält man üblicherweise bei den meisten externen Lautsprechern oder Musikanlagen im Lieferumfang mit dabei, denn beim Amazon Echo Spot werden sie nicht mitgeliefert. Ist man trotzdem nicht im Besitz eines solchen Audiokabels, welches man in den smarten Wecker stecken kann, so kann man dieses recht preiswert im Elektronikmarkt seines Vertrauens oder auch bei Amazon erwerben.

Die Übertragung ist mit einem Kabel wirklich blitzschnell und zudem verringert sich die Audioqualität der Audiodatei nur minimal bis gar nicht. Nur beim Verlegen des Kabels muss man sich oft etwas einfallen lassen, wenn sich beide Geräte nicht direkt nebeneinander befinden.

Der Audioausgang ist sehr hilfreich, da man einfach per Klinkenkabel den Sound des smarten Weckers über einen Lautsprecher mit deutlich bessere Audioqualität ausgeben kann.

Die linke Seite der Verpackung

Dreht man die Verpackung des Amazon Echo Spot nun noch einmal, so kann man auch die Informationen auf der als letztes übrigbleibenden linken Seite des Pappschiebers lesen. Hier stehen vor allem die Partner, welche mit ihren Skills auf dem Amazon Echo Spot vertreten sind. Darunter sind neben den Musik-Streaming Diensten, wie Amazon Musik und Spotify sowie TuneIn Radio auch einige Smart Home Control Partner, wie Philips Hue, TP-Link oder die Smart Home Produkte von Hive und Ring, sowie unzählige weitere Partner und deren Skills in den verschiedensten Bereichen. Außerdem findet man die ebenfalls sehr erwähnenswerte Support-Webadresse, falls man mal ein unerwartet und zum Glück auch selten auftretendes Problem mit seinem Amazon Echo Spot bekommt; www.amazon.com/devicessupport.

Was befindet sich in der Verpackung des Amazon Echo Spots?

Hat man erst einmal den hellblauen Pappschieber von der schwarzen rechteckigen Verpackung geschoben, auf welcher man das Amazon Logo in einem glänzenden schwarz findet, kann man letztere auch schon aufklappen. Direkt sieht man das Touch-Display des Amazon Echo Spot auf der linken Seite der Verpackung sowie eine kleine schwarze Pappabtrennung rechts daneben. Der smarte Wecker ist nicht übermäßig gut verpackt, liegt jedoch stabil und sicher in der Verpackung, da diese Einkerbungen am Boden aufweist. Relativ einfach kann man das Gerät dann aus dem Karton entnehmen, wobei es natürlich noch ausgeschaltet ist, da es in der Verpackung natürlich nicht mit Strom versorgt wird. Sehr positiv anzumerken ist sicherlich, dass Amazon zum Schutz des Displays eine Schutzfolie draufgeklebt hat, um das Gerät während der Lieferung, aber auch beim ersten Testen vor Kratzern oder Staub zu schützen. Allerdings kann man diese Schutzfolie problemlos an der dafür vorgesehenen Aussparung entfernen. Dies empfiehlt sich auch, da die Folie nicht mit einer hochwertigen Display-Schutzfolie zu vergleichen ist, welche man dann auch während der täglichen Benutzung darauf lassen kann. Es handelt sich lediglich um einen ersten Schutz, welcher nicht für die langfristige Nutzung gedacht ist. Ansonsten gibt es keinen weiteren Schutz und nachdem man den Amazon Echo Spot in schwarz oder weiß aus der Verpackung genommen hat, kann man sich dem restlichen Inhalt des Kartons widmen.

Aus der Pappabtrennung auf der rechten Seite der Verpackung entnimmt man ein passendes Netzteil, welches aus einem Netzstecker sowie einem Kabel mit passendem Stecker für den Amazon Echo Spot besteht. Beim Stecker handelt es sich weder um einen Micro-USB-Stecker, noch um einen USB-Typ-C-Stecker, sondern um einen eigenen Stecker von Amazon, welcher schon von zahlreichen anderen Amazon Echo Produkten bekannt ist.

Mit der Länge des Kabels enttäuscht Amazon seine Kunden keineswegs, denn mit einer Länge von einem Meter und achtzig Zentimetern hat das Kabel durchaus eine beachtliche Länge. Wem dies jedoch nicht ausreicht, der sollte einfach ein Verlängerungskabel nehmen, um den smarten Wecker dann wirklich überall zu platzieren, wo man es gerne hätte.

Besonders freuen können sich einige Kunden, die viel Wert auf Design und Farbkombinationen legen, denn Amazon liefert beim schwarzen Echo Spot einen schwarzen Netzstecker mit schwarzem Kabel sowie einem schwarzen Stecker mit. Wohingegen beim weißen Amazon Echo Spot in der Verpackung ein weißes Netzteil mit weißem Kabel und auch einem weißen Stecker enthalten ist.

Des Weiteren gibt es neben einem Sicherheitshinweis noch eine Kurzanleitung, wie man den Amazon Echo Spot in Betrieb nimmt und das Gerät kennenlernt. Hierzu hat Amazon drei kleine Abbildungen abgedruckt und erklärt daran einige Schritte sehr kurz und knapp, aber verständlich. Außerdem findet man noch eine weitere Faltkarte in der Verpackung. Hierbei handelt es sich um eine Karte, welche zum Ausprobieren und besseren kennenlernen des Geräts und Alexa gedacht ist. Sie trägt die Aufschrift „Fragen sie Alexa" und enthält zu unterschiedlichen Bereichen und Themengebieten sowie Funktionsbereichen kurze Informationstexte sowie einige Sprachbefehle, welche die Nutzer zum Start einfach einmal austesten sollen und somit eben sowohl den Amazon Echo Spot als auch Amazons Alexa besser kennenlernen zu können.

Neben dem kleinen smarten Wecker findet man noch ein Netzteil mit einem Netzkabel sowie eine Informationskarte und eine Kurzanleitung in der Verpackung.

Wie läuft die Bedienung des smarten Weckers nun genau?

Grundsätzlich ist die Bedienung des Amazon Echo Spot kinderleicht und wahrscheinlich auch die komfortabelste von allen Amazon Echo Geräten. Denn man kann das Gerät natürlich einmal, wie alle anderen Echo Geräte auch, per Sprachsteuerung bedienen. Dazu spricht man mit der smarten Sprachassistentin Alexa, welche sowohl Funktionen ausführt, als auch Fragen beantwortet. Genauere Informationen zu Alexa und ihren Möglichkeiten gab es bereits im Kapitel zu den Informationen auf der Verpackung des Amazon Echo Spot.

Allerdings ist die Alexa Sprachsteuerung, welche alle anderen Amazon Alexa Geräte auch aufweist und als Hauptfunktion verbaut haben, beim smarten Wecker nicht die einzige Bedienmöglichkeit. Denn auf der Oberfläche des Gehäuses befinden sich noch einige wichtige und hilfreiche Tasten, über welche man ebenfalls manche Dinge einstellen kann. Doch über solche Tasten verfügt beispielsweise der kleine Amazon Echo Dot auch.

Was dieser jedoch nicht hat, ist ein Touch-Display, über welches man nicht nur bestimmte Prozesse und Ereignisse sehen kann, sondern über welches man auch verschiedene Einstellungen oder Bedienmöglichkeiten vornehmen kann. Zwar ist das Display nicht wirklich groß, jedoch reicht es absolut aus, um es als eine wichtige Möglichkeit zum Bedienen des Amazon Echo Spot aufzuzählen und sogar herauszustellen. Damit ist der smarte Wecker von Amazon zusammen mit dem Amazon Echo Show das einzige Gerät, welches neben der Sprachsteuerung über Alexa sowie der Tastensteuerung auch die Bedienung über ein Touch-Display zulässt. Allerdings ist der Echo Spot dabei etwas abgespeckter in der Hardware, aber dafür auch deutlich günstiger.

Um die Bedienung selber nun nochmals anzusprechen, muss man sagen, dass im Grunde alle Funktionen, die das Gerät bietet, über die Sprachsteuerung aufgerufen und genutzt werden können. Amazons Sprachassistentin Alexa ist und bleibt nun einmal das Herzstück der Amazon Echo Familie. Diese Möglichkeiten scheinen unbegrenzt, können jedoch nicht wirklich alles. Zwar kann die Sprachsteuerung die Tastensteuerung mit dem hoch oder runter Regeln der Lautstärke ersetzen, jedoch kann man das Mikrofon lediglich über eine Taste stummschalten und wieder freigeben, nicht aber über die Sprachsteuerung, da sich dies gegenseitig ausschließt. Des Weiteren können auch manche Einstellungen, wie zum Beispiel die Auswahl bzw. Änderung des Ziffernblattes auf dem Display nicht über die Sprachsteuerung erledigt werden, sondern eben nur über das Touch-Display. Auch die Einrichtung des smarten Weckers läuft anfangs über das Touch-Display des eingeschalteten Amazon Echo Spot. Später wechselt man zu weiteren Einstellungen und Verbindungen auf ein Smartphone oder Tablet, da auch der Amazon Echo Spot, wie alle anderen Echo Geräte, wieder mit der zugehörigen Alexa App von Amazon gekoppelt werden muss. Hierüber kann bzw. muss man dann noch weitere Informationen eingeben, um das Gerät dann voll nutzen zu können. Trotzdem kann man die Alexa App nicht wirklich als eine vierte Bedienmöglichkeit ansehen, da hier zwar wichtige Daten eingegeben und noch wichtigere Funktionen verwaltet werden, jedoch steuert man damit in der Regel nicht direkt den Amazon Echo Spot. Außer Acht lassen sollte man diese Möglichkeit jedoch ganz sicher nicht, da sie sehr wichtig für die Nutzung des smarten Weckers ist.

Neben der Hauptbedienungsart; der Sprachsteuerung über Amazons Alexa, sowie der Tastensteuerung und der Bedienung über das Touch-Display des Geräts, kann man also auch noch weitere wichtige Dinge über das Smartphone oder Tablet mit der Alexa App steuern.

Den Amazon Echo Spot kann man auf ganz unterschiedliche weisen steuern; so ist neben der Sprachsteuerung über Amazons Alexa und der Tastensteuerung sowie der Touch-Steuerung auch die Fernsteuerung über die Alexa App am Smartphone oder Tablet möglich.

Welche Möglichkeiten bietet die Touch-Oberfläche des Amazon Echo Spot?

Grundlegend kann und muss die Einrichtung des smarten Weckers komplett über die Touch-Oberfläche gemacht werden. Dies ist trotz des recht kleinen Displays jedoch kein Problem und alles funktioniert problemlos. Alles ist zudem perfekt an die runde Form der Oberfläche angepasst und extra dafür ausgelegt und programmiert, was jedem Nutzer und Neukunden direkt von Beginn an ein gutes Gefühl gibt. Jeder kommt also im Grunde sehr gut mit dem Display sowie der Touch-Bedienung zurecht und wird direkt mit der Einrichtung dahin geführt, diese direkt kennenzulernen, obwohl die Hauptbedienungsart doch eher die Sprachsteuerung ist. Diese nutzt man natürlich auch nach der Einrichtung primär, jedoch kann man doch ab und an Mal das Touch-Display nutzen. Einige Einstellungen lassen sich über die Touch-Oberfläche machen, wie beispielsweise das Ändern des Ziffernblattes bzw. der Anzeige der Uhrzeit. Hier kann man zwischen den verschiedensten Möglichkeiten wählen, indem man einfach nach rechts oder links wischt und die neuen Ziffernblätter angezeigt bekommt und damit auswählen kann. Doch vom Startbildschirm aus kann man auch mit Wischbewegungen nach rechts oder links weitere Informationen, als nur die Uhrzeit sowie das Datum, angezeigt bekommen. So kann man sich dort beispielsweise die neusten Nachrichten oder anstehende Termine anzeigen lassen.

Des Weiteren kann man auch die Helligkeit einstellen bzw. regeln, je nachdem wie es für den Nutzer angenehm ist. Das Einstellungsmenü ähnelt sehr stark dem von zahlreichen Android Smartphones oder Tablets und ist sehr einfach zu bedienen. Es gibt beim Herunterwischen vom oberen Rand des Displays eine Art Drop-Down-Menü, über welches man neben dem Navigieren zum Hauptbildschirm sowie zum

Einstellungsmenü auch den Nachtmodus anstellen und ausstellen kann. Dieser ermöglicht eine automatische Abdunklung des Displays am Abend bzw. in der Nacht, damit das Licht nicht so hell und kalt strahlt. Auch die besagten Helligkeitseinstellungen lassen sich hier bequem mit dem Finger steuern.

Ansonsten nutzt man das Touch-Display eher zweitrangig, wie zum Beispiel beim Beenden eines Telefonats über den roten Telefonhörer, der auf dem Display angezeigt wird.

Denn neben dem Steuern mit dem Finger über die Touch-Oberfläche werden eben noch einige weitere Funktionen hier ermöglicht. Dabei handelt es sich jedoch nicht um Steuerungsmöglichkeiten, sondern um Anzeigen bzw. Visualisierungen von einigen sehr interessanten Funktionen des smarten Weckers. Beispielsweise werden nicht nur Videoanrufe hier angezeigt, sondern auch Nachrichten können als Videos auf dem Display laufen. Videos, wie Nachrichten werden jedoch nicht auf der vollen Größe des Displays angezeigt, da diese Bewegtbilder nicht rund aufgenommen und auch nicht rund geschnitten werden. Daher hat man hierbei leider über und unter dem Video schwarze Balken und dadurch auch ein kleineres Bild, zumindest was die Höhe angeht, denn die Breite wird voll genutzt. Videoanrufe zwischen den Amazon Echo Geräten hingegen können auf der gesamten Touch-Oberfläche angezeigt werden, da diese von vorneherein so eingestellt und verarbeitet werden. Dies ermöglicht meist eine deutlich bessere Nutzung und Informationsaufnahme des gesprochenen. Doch auch Songtexte kann man sich anzeigen lassen und so ganz einfach alle möglichen Lieder mitsingen, ohne diese komplett auswendig zu können. Ebenso ist es auch bei Rezepten zum Kochen, was sich in der Küche sehr gut anbietet. Denn auch Rezepte werden nicht nur vorgelesen, sondern man kann auch die Zutaten auf dem Display lesen. Stellt man dem Amazon Echo Spot Fragen, bei dem Wissen vermittelt wird, so bekommt man ebenfalls ein passendes Bild angezeigt, welches die Antwort von Alexa unterstützt.

Doch auch ganz allgemein werden im Grunde alle Funktionen mit Animationen, Bildern oder Videos auf dem Display unterstützt. Hört man also einen bestimmten Radiosender, so erscheint auf einem schwarzen Hintergrund das Logo des Senders auf der Touch-Oberfläche sowie eine kurze Beschreibung bzw. ein kurzer Text über einer kleinen Einblendung des Sendernamens.

Man hat also einiges an Steuerungsmöglichkeiten über die Touch-Oberfläche und noch deutlich mehr an Anzeigemöglichkeiten auf dem Display, obwohl die Sprachsteuerung eigentlich die primäre Funktion darstellt und noch deutlich unbegrenzter genutzt werden kann.

Die Touch-Oberfläche ermöglicht nicht nur die Touch-Steuerung, sondern lässt auch viele Inhalte über das Display anzeigen und erschließt somit ganz neue Möglichkeiten auf dem Amazon Echo.

Über welche Funktionen verfügt der Amazon Echo Spot?

Einige Funktionen und Möglichkeiten, welcher der kleine smarte Wecker von Amazon bietet, wurden bereits in den vorherigen Kapiteln angeschnitten oder kurz erwähnt. In diesem Kapitel sollen jedoch nochmals alle Funktionen, die man als Käufer des Amazon Echo Spot nutzen kann, zusammengefasst werden, damit man einen guten Überblick über die verschiedensten Möglichkeiten hat, die einem geboten werden. Direkt zu Beginn des Kapitels sollte aber gesagt werden, dass man hier nicht alle Funktionen genau benennen kann, da der tatsächliche Funktionsumfang des Gerätes doch wirklich unfassbar groß ist und daher den Rahmen einer Zusammenfassung sprengen würde. Daher sollen im Folgenden nur die grundlegenden bzw. übergreifenden Funktionen benannt werden.

Anfangen tut man am besten mit der Weck-Funktion, die ein smarter Wecker selbstverständlich besitzen sollte. Diese ist eng mit dem Abspielen von Musik verknüpft, da man sich von seinem Lieblingslied wecken lassen kann. Hierzu kann man einige Einstellungen und Personalisierungs-Möglichkeiten treffen, um immer zum richtigen Zeitpunkt aufzustehen und gut in den Tag zu starten. Musik kann man über die verschiedensten Musik- oder Radiodienste abspielen. So wird natürlich neben dem hauseigenen Amazon Music auch Spotify, TuneIn Radio oder auch der Radioplayer unterstützt. Doch auch Nutzer, die gerne einmal Hörbücher hören, kommen mit dem Amazon Echo Spot auf ihre Kosten. Denn mit Audible ist auch hierfür ein passender Anbieter kompatibel und frei verfügbar. Natürlich kann man auch Podcasts über die Musik- oder Radiodienste anhören, weshalb im Grunde jeder Nutzer des Gerätes zu jeder Tageszeit ein passendes Audioprogramm auf dem smarten Wecker geboten bekommen sollte.

Ähnlich ist es auch, was die Informationsausgabe angeht; denn auch hier sollte jeder etwas Passendes und interessantes für sich finden. Denn zum einen kann man zahlreiche Nachrichten abrufen und sich ausgeben lassen, welche nicht nur per Audio ausgegeben werden, sondern sogar noch mit einem passenden Video unterstützt werden. Zum anderen kann man über die Sprachassistentin Alexa auch alle möglichen Fragen stellen und informative oder hilfreiche Antworten bekommen. Denn Alexa beinhaltet nicht nur eine standesgemäße Informationsausgabe, sondern auch eine Art Wörterbuch sowie ein Lexikon.

Über die eingebaute Kamera über der Touch-Oberfläche lassen sich relativ einfach Videoanrufe mit Familienmitgliedern oder Freunden führen, die auch ein Amazon Echo Gerät mit eingebauter Kamera haben. Dafür kommen aktuell nur Amazon Echo Spot und Amazon Echo View Geräte infrage. Jedoch kann man über die restlichen Amazon Echo Geräte Sprachanrufe , also normale Telefonate, führen. Doch man ist gar nicht zwangsläufig an ein Amazon Echo Spot Gerät gebunden, sondern man kann auch einfach andere Menschen anrufen, die lediglich die Alexa App auf ihrem Smartphone oder Tablet installiert haben. Dann wird ganz einfach die Innenkamera des mobilen Gerätes genutzt und auf das Display des Amazon Echo Spot übertragen.

Der letzte große Funktionsbereich ist die Smart Home Steuerung mithilfe der Sprachsteuerung über Amazons Alexa. Denn Alexa ist mit den verschiedensten Smart Home Anbietern und Produkten kompatibel. Dadurch kann man ganz einfach und nur über ein Gerät alle möglichen Smart Home Geräte im Haus steuern. Neben der Beleuchtung oder der Temperatur kann man auch jedes Gerät einzeln über einen smarten Stecker bzw. eine smarte Steckdose steuern, an welche das Gerät angeschlossen ist. So kann man neben dem Fernseher auch den Ventilator oder die Musikanlage anschalten; und das nur mit ein paar Worten an Alexa. Über die Smartphone und Tablet Alexa App lassen sich die Geräte synchronisieren und einstellen sowie in bestimmte Räume einordnen, was die Steuerung deutlich erleichtert.

Wem all diese Funktionen immer noch nicht reichen, der kann den Funktionsumfang mit der App IFTTT, welche ebenfalls kostenlos für Android und iOS Smartphones und Tablets erhältlich ist, nochmals deutlich erweitern. Dadurch, dass man mit IFTTT sogar selber Funktionen und Sprachbefehle hinzufügen und nutzen kann, kann man getrost von unbegrenzt vielen Funktionen des Amazon Echo Spot sprechen. Wie IFTTT funktioniert, aber auch wie man einige der bereits genannten Möglichkeiten nutzt, wird natürlich noch im weiteren Verlauf dieses inoffiziellen Handbuches erklärt.

Die wichtigsten Funktionen des Amazon Echo Spot sind; die Weck-Funktion, die Informationsausgabe, die (Video-)Telefonie sowie die Smart Home Steuerung.

Wo und wie kann man den smarten Wecker von Amazon einsetzen?

Von Natur aus ist ein Wecker eigentlich für Schlafzimmer gemacht, damit er neben dem Bett sowohl die Uhrzeit anzeigen kann, als auch morgens zum Wecken verwendet werden kann. Über diese Funktionen verfügt der Amazon Echo Spot natürlich auch und passt dementsprechend auch hervorragend auf einen Nachttisch neben das Bett. Nachts dunkelt das Display ab und stört daher auch im dunklen Schlafzimmer nicht. Neben dem Wecken mit Musik kann der smarte Wecker allerdings noch deutlich hilfreicher am Morgen sein. So kann er direkt das Licht einschalten, die Termine für den heutigen Tag ansagen oder auch das Wetter für den Tag vorlesen. Auch die Verkehrslage auf dem Weg zur Arbeit oder zur Schule kann man sich direkt, nachdem aufstehen sagen lassen.

Diese Möglichkeiten können natürlich morgens auch in der Küche oder im Bad genutzt werden. Hinzu kommt noch, dass man auch einen Timer für das Frühstücksei stellen kann oder eine To-do-Liste bzw. eine Einkaufsliste ganz einfach und unkompliziert per Sprachsteuerung erstellen kann, welche dann auch mobil über die Alexa App am Smartphone verfügbar ist. Kommt man Mittags oder Abends nach Hause, so kann man den Amazon Echo Spot auch als Hilfe zum Kochen nutzen, da er Rezepte genau vorliest und die Mengen der einzelnen Zutaten zudem gut lesbar auf der Touch-Oberfläche anzeigt. Die Touch-Funktion muss jedoch dank der tollen Sprachsteuerung überhaupt nicht genutzt werden, wenn man gerade kocht und die Hände nicht sauber sind. Möchte man Abends noch am Schreibtisch die Nachrichten und Schlagzeilen des Tages hören, so kriegt man auch diese von Alexa über den smarten Wecker vorgelesen und angezeigt. Auch Video- oder Sprachanrufe kann man bequem vom Schreibtisch oder dem Wohnzimmer aus über das kleine Gerät führen. Um den Tag ausklingen zu lassen, kann man sich abends in den Sessel im Wohnzimmer fallen lassen und über den Amazon Echo Spot, der bestenfalls sogar mit der Musikanlage verbunden ist, ein Hörbuch bei Audible, einen Podcast bei Spotify oder die Lieblings-Musikplaylist bei Amazon Music hören. Geht man dann spät abends ins Bett kann man vom Schlafzimmer aus alle Lichter im Haus ausstellen und die Thermostate auf eine gewünschte Temperatur stellen.

Man sieht also, dass der Amazon Echo Spot wirklich in jeden Raum einer Wohnung oder eines Hauses passt. Denn dies waren nur einige Möglichkeiten, die mit dem kleinen runden Gerät möglich sind. Bestenfalls nutzt man mehr als nur ein Amazon Echo Gerät im Haus, um seine Wohnung wirklich zu vernetzten und ein richtiges Smart Home zu kreieren. Doch es ist auch kein Problem, wenn man nur einen Amazon Echo Spot besitzt und diesen in einem Raum fest installiert. Allerdings muss man sich dann eben überlegen, welche der aufgezählten oder noch nicht genau benannten Funktionen man am besten in welchem Raum benötigt, bzw. wo man das Gerät einfach am häufigsten und am besten gebrauchen kann.

Die Möglichkeiten sind jedenfalls unbegrenzt und auch dank des minimalistischen Designs des smarten Weckers passt das Gerät wirklich überall hin und fällt nicht wirklich auf.

Einsetzbar ist der smarte Wecker von Amazon dank seiner vielen Funktionen sowie seines schicken Aussehens im Grunde überall, sodass jeder selbst entschieden sollte, wo man ihn am besten braucht.

Welche Anschlüsse kann man beim Amazon Echo Spot finden?

Stellt man sich die Frage, wo man den smarten Wecker am besten hinstellt, so werden zwangsläufig auch die Anschlüsse des Gerätes ein Thema. Denn es gibt einen Anschluss, den der Amazon Echo Spot zwingend benötigt und ohne den er nicht betrieben werden kann. Dementsprechend muss man einen Raum bzw. einen Platz auswählen, an dem es eine Anschlussmöglichkeit für das Stromkabel gibt, welches mitgeliefert wird. Denn alle schon angekündigten Funktionen und Möglichkeiten funktionieren nicht, wenn das Gerät keinen Strom hat.

Man kann zwar den smarten Wecker in jedem Raum platzieren, wie bereits im vorherigen Kapitel gesagt wurde, jedoch muss man den Platz für das kleine Gerät doch abhängig von einer Steckdose machen. Wie allerdings auch schon einmal beschrieben wurde, kann man das 1,8 Meter lange Stromkabel auch ganz einfach mit einem Verlängerungskabel noch einmal deutlich verlängern.

Der Stromanschluss befindet sich auf der Rückseite des Amazon Echo Spot in einer kleinen und länglichen Einkerbung.

Direkt daneben gibt es noch einen 3,5 Millimeter Klinken-Audioausgang. In diesen können ganz einfach 3,5 Millimeter Klinken-Kabel eingeführt werden. Niemand braucht sich Gedanken zu machen, dass das eigene Audiokabel der Musikanlage nicht in den smarten Wecker passt, denn nahezu alle Audiokabel sind 3,5 Millimeter Klinken-Stecker. Beispielsweise haben auch ganz normale Kopfhörer einen 3,5 Millimeter Klinken-Stecker, vorausgesetzt es handelt sich noch um kabelgebundene Kopfhörer und nicht um Kopfhörer mit Bluetooth.

Also ist auch das Anschließen einer Musikanlage an den Amazon Echo Spot kein Problem. Auch hier ist nur wieder die Länge des Kabels, bzw. die Distanz zwischen Musikanlage und dem smarten Wecker, von großer Relevanz. Ansonsten reicht es den 3,5 Millimeter Klinken-Stecker der Musikanlage in den 3,5 Millimeter Audioausgang des Amazon Echo Spot zu stecken. Ab diesem Zeitpunkt wird der Ton des Gerätes nicht mehr über die eingebauten Lautsprecher, sondern über die angeschlossene Musikanlage ausgegeben.

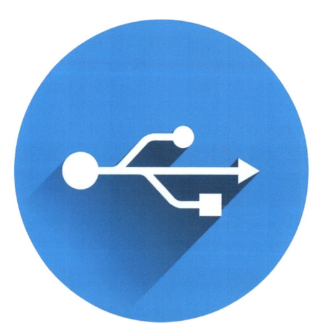

Außer dem obligatorischen Stromanschlussverfügt das Gerät auch noch über einen 3,5 Millimeter Klinken-Audioausgang.

Welches Zubehör kann man optional zum smarten Amazon Wecker dazukaufen?

Sucht man einen passenden Platz für den Amazon Echo Spot in den eigenen vier Wänden, so sollte man sich auch das verfügbare Zubehör für das Gerät anschauen. Vier sehr interessante Zubehörteile sollen in diesem Kapitel nun einmal etwas genauer vorgestellt werden.

Während das erste Zubehörteil tatsächlich sehr praktisch und hilfreich sein kann, geht es bei den restlichen Produkten eher um Schutz und Aussehen.

Allerdings hat jedes der folgenden vier Zubehörteile für den smarten Wecker definitiv seine Daseinsberechtigung und ist sein Geld auch wert. Alle Produkte bewegen sich zwischen fünf und zwanzig Euro und sind daher auch preislich in einem relativ niedrigen Segment angesiedelt. Bis auf ein einziges Produkt kann man alle Zubehörteile sogar auf der Webseite von Amazon in Deutschland erwerben und auch das verbleibende Produkt ist in Deutschland erhältlich. Allerdings muss man dieses Produkt dann in einem externen Webshop bestellen, welcher jedoch PayPal Zahlung, aber auch zahlreiche andere und übliche Zahlungsmethoden, ermöglicht. Zwei der drei Zubehörteile, welche man direkt bei Amazon bestellen kann, sind unter „Amazon´s Choice" gelistet. Dieses Listing erhalten sehr gut bewertete, mit Amazon Prime sofort lieferbare und weitestgehend günstige Produkte.

Zubehör gibt es für den Amazon Echo Spot eine ganze Menge, obwohl es den smarten Wecker noch gar nicht solange gibt. Das wichtigste und sinnvollste Zubehör soll in den folgenden Absätzen vorgestellt werden.

Der verstellbare Standfuß

Mit dem verstellbaren Standfuß für den Amazon Echo Spot sind wir auch schon beim ersten Zubehörartikel, der sogar von Amazon selber auf der eigenen Webseite angeboten wird. Wie bereits angekündigt ist dieses Produkt durchaus hilfreich. Erwerben kann man den Ständer sowohl in Schwarz, als auch in Weiß, also absolut passend zu den beiden Varianten des Amazon Echo Spot. Mit knapp zwanzig Euro ist der verstellbare Standfuß mit Abstand das teuerste Zubehörteil unter den ausgewählten vier Produkten. Ganze 4,3 von 5 Sternen auf Amazon, bei immerhin 56 Kundenbewertungen, sprechen für sich. Daher scheinen fast alle Nutzer des Produktes mehr als nur zufrieden mit dem verstellbaren Standfuß zu sein.

Geliefert wird der Ständer in einer stylischen hellblauen Verpackung. Entnimmt man den Standfuß, so sieht dieser optisch wirklich gut aus und passt sehr gut zum Amazon Echo Spot in der passenden Farbe. Setzt man den smarten Wecker nun auf den Standfuß, mit rutschfester Beschichtung auf der Unterseite, so ist dieser etwas erhöht. Damit der smarte Wecker auch auf dem Standfuß festsitzt und hält, ist ein Magnet verbaut, der beides sehr sicher zusammenhält und auch beim Verstellen sicher sitzt. Aufpassen sollte man jedoch beim Verstellen, dass man nicht versehentlich einen der Knöpfe auf der Oberseite des Gehäuses drückt. Denn zum Verstellen muss man den Amazon Echo Spot komplett gut festhalten und kann diesen dann langsam, aber doch recht schwer verschieben. Es ist sehr wichtig, dass das Verschieben nicht absolut einfach funktioniert, da der Neigungswinkel sonst nicht halten würde und das Gerät sonst immer wackeln oder rutschen würde.

Eigentlich lässt sich der Neigungs- bzw. Blickwinkel des Amazon Echo Spot nicht verändern, mit dem verstellbaren Ständer jedoch schon. Nicht an jedem Ort ist dies unbedingt von Nöten, jedoch kann man vor allem an erhöhten Positionen oft sehr schlecht das Display und alle darauf angezeigten Inhalte erkennen, weshalb ein anderer Blickwinkel mithilfe des Ständers wirklich Wunder bewirken kann. Wichtig zu wissen ist jedoch, dass man zwar mithilfe des verstellbaren Standfußes den Amazon Echo Spot nach hinten und vorne schieben kann und damit den Neigungswinkel verändern kann, allerdings das Gerät nicht nach links, rechts, oben oder unten verstellbar ist.

Wer viele Videoanrufe mit dem Gerät macht, der wird den Ständer ebenfalls nicht missen wollen, da er auch dabei sehr hilfreich und praktisch sein kann. Am Nachttisch benötigt man diesen Standfuß wahrscheinlich nicht unbedingt, dafür aber in anderen Räumen umso mehr. Allerdings ist die Notwendigkeit wirklich von Nutzer zu Nutzer und Einsatzort zu Einsatzort unterschiedlich und muss individuell abgewogen werden.

Die runde Display-Schutzfolie

Für viele Smartphones und Tablets ist dieses Produkt mittlerweile schon ein Must-Have-Artikel geworden. Niemand hat gerne ein zerkratztes Display, egal um welches Gerät es geht. Während man beim Fernseher oder dem Laptop zwar eher keine Schutzfolie benötigt, da man den Bildschirm eher selten mit den Fingern berührt, sieht es bei Smartphones, die wir jeden Tag nutzen, aber auch bei Tablets, die ab und an Mal zum Einsatz kommen, schon ganz anders aus. Diese beiden Geräte werden auch größtenteils mit dem Finger über das Touch-Display bedient, weshalb sich eine Schutzfolie gut anbietet, um hässliche Kratzer zu vermeiden.

Der Amazon Echo Spot wird zwar nicht ausschließlich über das Touch-Display bedient, aber eben auch ab und zu Mal am Tag. Ebenso wenig, wie man auf seinem Smartphone oder Tablet gerne Kratzer hat, so wenig möchte man diese auch auf seinem smarten Wecker haben. Daher gibt es bei Amazon nun sogar für den Amazon Echo Spot eine Hartglas-Schutzfolie für die frontale Oberfläche des Gerätes, welche sowohl das Display, als auch den Umrandungs-Ring mit der Kamera beinhaltet. Für die Kamera ist extra ein kleines Loch in derselben Größe ausgespart worden, sodass die runde Schutzfolie perfekt passt und alle Funktionen voll und ganz ermöglicht. Mit zehn Euro für drei Folien kann man den Preis durchaus als angemessen erachten. Zwar gibt es bisher nur vier Kundenrezensionen auf Amazon, trotzdem sind die alle durchweg sehr gut. Denn mit fünf von fünf möglichen Sternen zählt das Produkt sogar zu Amazon´s Choice, obwohl das Produkt nicht von Amazon selber hergestellt wird.

Der Hersteller wirbt damit, dass die Schutzfolie sehr leicht anzubringen ist, da sie über eine Art elektrostatische Absorption-Funktion verfügt, welche die Folie quasi automatisch an der Oberfläche des Amazon Echo Spot haften lässt. Bei der Installation soll es weder Blasen noch andere Rückstände geben, sodass man die Schutzfolie nicht nur schnell, sondern auch sauber und ordentlich anbringen kann. Doch auch beim Entfernen gibt es keine Rückstände der Folie.

Des Weiteren ist die Display-Schutzfolie sehr klar und bietet mit einer 99 prozentigen Transparenz ein einwandfreies und vor allem sehr natürliches Seherlebnis, fast so, als sei überhaupt keine Folie angebracht. Auch bei der Bedienung des Displays mit dem Finger merkt man kaum, dass sich etwas auf der Touch-Oberfläche des smarten Weckers befindet. Denn die Empfindlichkeit, was die Bedienung angeht, ist sehr hoch. Der Hersteller gewährleistet daher nicht nur die reibungslose Nutzung, sondern auch eine ganz normale Touch-Reaktion sowie eine unkomplizierte Bedienung und Nutzung der Systemoberfläche des Amazon Echo Spot. Dies hängt auch damit zusammen, dass die Folie mit nur 0,33 Millimetern sehr dünn ist und sich kaum von der Oberfläche abhebt.

Zudem ist die Folie so gemacht, dass sich weder Fett- oder Ölflecken von den Fingern darauf sammeln können. Daher sieht das Gerät immer sauber aus und man findet keine nervigen Fingerabdrücke oder Ölstreifen auf der Oberfläche, welche beim Bedienen und Wischen entstehen können.

Grundsätzlich ist die Qualität der Schutzfolie sehr hoch, da sowohl die Kanten abgerundet und entschärft sind, aber auch das Glas eine Härte von 9H aufweist. Daher ist dieses nicht nur kratzfest, sondern kann zudem auch nicht splittern.

Mit all diesen wichtigen Merkmalen die dieses Zubehörteil für den Amazon Echo Spot aufweist, kann diese Schutzfolie für das Display mit Sicherheit hässliche Kratzer oder größere Abnutzungsspuren auf der Touch-Oberfläche sowie auf dem Umrandungs-Ring darum, verhindern. Sehr wichtig ist, dass sie nicht bei der Bedienung oder der Benutzung stört und daher Schutz bietet, ohne großartig aufzufallen. Daher kann man mit dem Kauf einer bzw. dreier Schutzfolien für den smarten Wecker von Amazon sicherlich nichts falsch machen.

Die Silikon-Schutzhülle für das Gehäuse

Genauso wie das zweite Zubehör-Produkt für den smarten Wecker von Amazon beschäftigt sich auch der dritte Artikel mit dem Schutz des Gerätes. Dieses Mal geht es jedoch nicht um die Vorderseite, mit dem Touch-Display, dem Umrandungs-Ring und der Kamera, sondern um den gesamten Rest des Gerätes; also um das Gehäuse. Denn auch hierfür kann man auf der Webseite von Amazon zuschlagen und für knapp zwölf Euro eine Schutzhülle aus Silikon erwerben. Im Vergleich zu den beiden vorherigen Produkten wird dieses hier jedoch weder von Amazon selbst angeboten, noch handelt es sich um ein Produkt, welches unter Amazon´s Choice gelistet ist. Auch Kundenrezensionen kann man leider noch nicht finden. Was jeden Käufer allerdings beruhigen sollte, ist, dass der Hersteller eine Garantie für ein Jahr anbietet. Daher kann man entweder einen kostenlosen Ersatz oder eine Rückerstattung in Anspruch nehmen, sollte die Qualität des Produktes nicht stimmen.

Bedenken was die Qualität angeht, muss man jedoch eigentlich nicht haben, da das Produkt extra für den smarten Wecker von Amazon entwickelt und hergestellt wurde. Bei der Herstellung wurde zudem sehr stabiles und festes Silikonmaterial verwendet, welches zudem auch schlagfest ist. Außerdem wirbt der Hersteller mit einer absolut vollständigen und eigenen Schutzdesignphilosophie. Daher ist der Amazon Echo Spot in der Silikonhülle komplett sicher und sehr gut geschützt. Sollte das Gerät also einmal herunterfallen und aus Versehen heruntergeworfen werden, so hilft diese Schutzhülle aus Silikon das Gerät bestmöglich zu Schützen und den Aufprall abzufangen. Damit wird der Schaden minimiert oder sogar komplett verhindert.

An den wichtigen Stellen befinden sich Aussparungen in der Silikonhülle. Dies ist sehr wichtig, damit alle Funktionen und Möglichkeiten, die man über das Gehäuse des Amazon Echo Spot hat, weiterhin verwendet werden, trotz der Schutzhülle. Bei den drei Tasten auf der Oberseite des Gehäuses gibt es kleine Einkerbungen, welche das Drücken der Tasten weiterhin ermöglichen und auch die Mikrofone auf der Oberseite haben extra kleine Löcher, damit die problemlose Kommunikation mit der Sprachassistentin Alexa funktioniert. Damit man diese auch versteht, sind auch die Lautsprecher, welche sich im unteren Teil befinden, komplett ausgespart. Daher wird selbst der Sound nicht durch die Schutzhülle aus Silikon vermindert oder gedämpft. Die letzte Aussparung befindet sich auf der Rückseite des Gehäuses und dient dem Anschluss des Stromkabels sowie des Audiokabels.

Auch an den Style-Faktor hat der Hersteller gedacht, denn die Schutzhülle wird gleich in drei Farben angeboten. Natürlich sind die beiden Farben Schwarz und Weiß mit dabei, da diese eben perfekt zu den beiden Varianten des Amazon Echo Spot passen. Doch auch ein kräftiges Rot kann man auswählen, wenn man möchte, dass der smarte Wecker richtig auffällt.

Am besten kombiniert man die Schutzhülle für das Gehäuse aus Silikon noch mit der Schutzfolie für das Display aus Hartglas. Damit hat man dann wirklich seinen Amazon Echo Spot von jeder Seite bestmöglich geschützt und das Gerät sollte keine Gebrauchsspuren mit sich tragen und natürlich auch keine Schäden aufweisen.

Für wen dieses Zubehör-Produkt jedoch nun wirklich geeignet ist, dass muss sicher jeder selbst Fragen. Denn wer ab und an Mal Dinge aus Versehen herunterwirft, die auf dem Nachttisch oder einer Ablage stehen, für den kommt die Schutzhülle aus Silikon sicher infrage. Alle anderen sollten sich vielleicht wirklich fragen, ob man sich wirklich für diesen Artikel entscheiden sollte und wie notwendig dieser wirklich für einen persönlich ist.

Der stylische Display-Umrandungs-Skin

Der schon beim vorherigen Zubehörartikel angesprochene Style-Faktor greift auch bei diesem Produkt hier wieder. Jedoch dieses Mal spielt er noch eine deutlich größere Rolle, als zuvor. Es geht um die sogenannten Amazon Echo Spot Skins, also eine Art runden Aufkleber, den man um das Touch-Display bzw. auf den Umrandungs-Ring kleben kann.

Diese kann man zwar nicht direkt bei Amazon kaufen, jedoch sind sie in einem deutschen Online-Shop erhältlich. Dieser hat sich auf Wand-Tattoos und Skins für Elektrogeräte spezialisiert und bietet dementsprechend auch eine unfassbar große und vielfältige Auswahl an. Ebenfalls sehr angenehm für die Kunden ist hier, dass sehr viele Bezahlungs-Arten akzeptiert werden. So kann man neben einer Sofort oder Vorkassen Überweisung auch per Amazon Payments oder PayPal zahlen. Versendet wird mit der Deutschen Post sowie mit DHL. Als potenzieller Käufer sollte man zudem wissen, dass die Skins nicht in einem großen Lager gelagert werden, bis sie von Kunden gekauft werden. Sondern diese werden erst frisch produziert, sobald sie im Webshop bestellt werden. Der Preis von meistens ca. zwölf Euro ist aufgrund der hohen Qualität und großen Individualität der verschiedenen Skins auch in gewissermaßen gerechtfertigt.

Bei mehr als 60 verschiedenen Designs bzw. Motiven der Skins, welche es zudem nochmals in glänzend sowie in matt gibt, sollte jeder fündig werden. Die Designs reichen von recht schlichten über stylische bis hin zu sehr ausgefallenen und besonderen Motiven. Egal ob Alt oder Jung, egal ob Mann oder Frau, jeder findet mit Sicherheit ein Design, das ihn anspricht und den eigenen Amazon Echo Spot aufwertet und zu einem ganz besonderen Stück in den eigenen vier Wänden macht.

So kann man den smarten Wecker auch Sonnenlicht aussetzen, ohne dass der Skin sichtbar verblasst, da er UV belastbar ist und außerdem einen Schutz vor Staub und Kratzern an der Umrandung des Displays bietet.

Doch der Hauptgrund, warum man sich solch einen Skin zulegen sollte ist mit Sicherheit nicht der Schutzfaktor, sondern der eingangs angesprochene Style-Faktor. Denn mit einem Skin sieht der Amazon Echo Spot einfach toll aus. Um dies zu erreichen, muss man lediglich den ausgewählten Skin vorsichtig auf die Oberfläche des Gerätes kleben und schon hat man für mehr als fünf Jahre, wie der Verkäufer verspricht, eine tolle Optik, aber auch eine hohe Qualität.

Diese hohe Qualität wird bereits beim drauf kleben des Skins auf das Gerät deutlich, da es sich nicht um einen billigen Papiersticker handelt, der schnell reißt. Denn die Skins für den Amazon Echo Spot sind aus Vinyl und beinhalten eine extra dicke Schutz-Laminierung. Diese ist UV-resistent und schützt wie bereits gesagt vor Kratzern und Staub. Zudem ermöglicht sie schon beim Aufkleben gar keine Blasenbildung, was es sehr einfach für den Kunden macht.

Auch beim Entfernen eines Skins gibt es keine Schwierigkeiten, da der Hersteller dank eines patentierten Spezialklebers sogar garantiert, dass es keine Rückstände beim Entfernen gibt.

Wer also großen Wert auf das Design seines Amazon Echo Spot legt und wer diesem ein ganz besonderes und einzigartiges Aussehen verleihen will, der sollte auf jeden Fall einen Skin zurückgreifen. Beachten sollte man jedoch, dass man zwar einen Skin aus Vinyl und eine Schutzhülle aus Silikon gleichzeitig anbringen kann, jedoch nicht den Skin und die Schutzfolie für das Display gleichzeitig drauf kleben kann. Diesen Punkt sollte man definitiv im Auge behalten, wenn man seinen Amazon Echo Spot zwar stylisches etwas aufwerten will, trotzdem aber einen großen Wert auf Schutz legt.

Wo liegen die hauptsächlichen Unterschiede zwischen dem Amazon Echo Spot und dem Amazon Echo sowie dem Echo Show?

Die Unterschiede der einzelnen Amazon Echo Produkte liegen ausschließlich auf Seiten der Hardware, nicht aber auf den Seiten der Software. Denn vom Funktionsumfang her, gibt es im Grunde keine wirklichen Unterschiede, da alle Geräten mit Amazons Sprachassistentin Alexa laufen. Alle Amazon Echo Geräte sind also smart und mit einer Sprachassistentin ausgestattet. Zudem verfügen alle Geräte über die Alexa Skills und eine Sprachausgabe der verschiedensten Funktionen.

Einen einzigen Unterschied in der Funktionalität findet man jedoch schon; die Bild- und Videoausgabe. Denn diese funktioniert ausschließlich beim Amazon Echo Spot sowie dem Amazon Echo Show, da nur diese beiden Geräte über ein eingebautes Display verfügen. Dieses Display kann man dann für alle möglichen Arten der Bild- oder Videoausgabe nutzen, die entweder für sich alleine stehen oder die Audioausgabe unterstützen. Außerdem verfügen beide Geräte über eine integrierte Kamera, die nicht nur Sprachanrufe, sowie beim Amazon Echo, sondern auch Videoanrufe zwischen den Echo Geräten ermöglicht. Der Gesprächspartner ist dann auf dem kleinen runden oder dem großen eckigen Display der Geräte zusehen.

Auch hier gibt es direkt einen Unterschied; die Displaygröße beim Amazon Echo Spot ist wesentlich kleiner, als beim Amazon Echo Show. Außerdem kommt noch hinzu, dass das Display beim smarten Wecker rund und das beim Echo Show rechteckig ist. Wer also Wert auf ein Display legt, der sollte zu einem dieser beiden Geräte greifen.

Doch die Größe ist nicht nur beim Display ein Faktor, sondern auch bei den Geräten allgemein. Denn während der Amazon Echo Show doch recht klein ist, fällt der Amazon Echo Show durchaus auf, da er recht kantig und deutlich größer ist. Der Amazon Echo ist nicht allzu auffällig und trotzdem nicht wirklich klein. Nun ist die Größe des Gerätes zwar auch ein Style-Faktor, wozu wir gleich nochmal kommen, aber eben auch ein Leistungsfaktor. Denn in ein größeres Gehäuse passt natürlich auch mehr Technik und mehr Leistung. Daher ermöglicht der Amazon Echo Spot keinen raumfüllenden Dolby-Sound, da er auch nicht über Duale Lautsprecher verfügt, welche Amazon Echo und Amazon Echo Show hingegen verbaut haben. Der Sound ist daher auch beim Amazon Echo Spot vergleichsweise am schlechtesten, auch wenn er dennoch in Ordnung ist. Allerdings eignet er sich nicht, um permanent Musik abzuspielen. Dazu verfügt das Gerät jedoch über einen Audioausgang per Kabel, genauso wie auch der Amazon Echo. Währenddessen verfügt der Amazon Echo Show lediglich über eine Audioausgabe per Bluetooth.

Als letztes bleibt noch das Design übrig, da alle Geräte doch sehr unterschiedlich aussehen. Beim Amazon Echo Show handelt es sich, wie bereits mehrfach betont, um ein eher kleines universelles Gerät, welches durch sein minimalistisches Design eigentlich überall hinpasst. Auch den Amazon Echo kann man im Grunde überall hinstellen, da er nicht wirklich auffällt, aber dennoch recht stylisch ist und gut in die verschiedensten Zimmer passt. Beim Amazon Echo Show sieht dies jedoch alles schon wieder ganz anders aus, da dieses Gerät wirklich sehr kantig wirkt und eine große Vorderseite besitzt. Zwar mag dies auch einigen gefallen und auch von der Funktionalität ist das

Gerät dadurch seinen Konkurrenten voraus, jedoch passt der Amazon Echo Show dadurch nicht wirklich in jedes Zimmer.

Auch mit den verfügbaren Farben kann der Amazon Echo Show nichts mehr gut machen, da genauso wie beim Amazon Echo Spot, nur Schwarz und Weiß zu erwerben sind. Beim Amazon Echo dagegen, gibt es neben Schwarz und Weiß auch noch Grau, Dunkel- und Hellbraun. Sogar unterschiedliche Optiken gibt es hier, denn man kann sowohl eine Stoffoptik, als auch eine Holzoptik wählen.

Man sieht also, dass die Unterschiede der Amazon Echo Geräte nicht allzu groß sind, jedoch für einige Menschen durchaus von großer Relevanz sind. Daher sollte man sich natürlich immer individuell entschieden, welches der smarten Geräte am besten zu einem selbst, der eigenen Wohnung, aber auch dem eigenen Leben passt.

Auf der Software-Ebene gibt es im Grunde kaum bis gar keine Unterschiede zwischen den verschiedenen Amazon Echo Geräten, lediglich auf der Hardware-Ebene findet man einige Unterschiede.

Anders, als vielleicht viele gedacht habe, beginnen wir zuerst nicht am Amazon Echo Spot selber, sondern am Smartphone oder am Tablet. Denn bevor man den Amazon Echo Spot einschaltet, raten wir erst einmal die Amazon Alexa App kostenlos im Google Play Store, bei Android Geräten, oder im Apple App Store, bei iOS Geräten, herunterzuladen. Zwar benötigt man die Smartphone oder Tablet App nicht für die Einrichtung des Gerätes, jedoch gehört die Alexa App definitiv dazu und sollte genauso wie ein Amazon Konto bestenfalls schon vor dem Start der eigentlichen Einrichtung vorhanden sein.

Die Voraussetzung zum Downloaden der App ist entweder eine Android Version von 4.4 und höher oder eine iOS Version von 8.0 und höher. Natürlich kann man die App auch auf Amazon Fire Geräten herunterladen und man benötigt hierzu ein Gerät mit einer Fire OS Version von 3.0 oder höher.

Sollte man jedoch kein Smartphone oder Tablet besitzen, was allerdings sehr wahrscheinlich nur ganz wenige Menschen im Jahr 2018 betrifft, so kann man auch über eine bestimmte Website im Internet, also mit einem PC oder Laptop über einen Internetbrowser starten. Hierzu gibt man folgenden Link in seine URL-Leiste des Browsers ein, um dann ganz normal weiterzumachen: https://alexa.amazon.de

Nun kann man sich mit einem bestehenden Amazon Konto anmelden oder auch ein komplett neues Konto erstellen. Es empfiehlt sich jedoch sein normales Amazon Konto zu nutzen, im Falle, dass man schon eins besitzt.

Weiter geht es nun aber wirklich am Amazon Echo Spot selbst. Man schließt das mitgelieferte Stromkabel an den smarten Wecker an und führt dieses mit dem anderen Ende in das ebenfalls mitgelieferte Netzteil, welches man anschließend in eine erreichbare Steckdose steckt. Relativ schnell beginnt das Gerät von selbst zu starten, sobald es erst einmal mit Strom versorgt wird. Auf dem runden Display erscheint, nachdem Amazon Logo auch der Echo Schriftzug, welcher stylisch animiert ist. Um diesen erscheint dann ein leuchtender Kreis am Rand des Displays. Danach hört man auch schon Amazons Alexa, die einen begrüßt und mitteilt, dass das Gerät zur Einrichtung bereit ist. Meistens findet diese Begrüßung auf Englisch statt, doch keine Angst; direkt im ersten Schritt kann man dies umstellen.

Denn als Erstes kann man bei der Sprach zwischen Englisch (United States oder United Kingdom) und Deutsch wählen. Die Optionen sieht man immer in einer horizontalen Liste. Mithilfe des Fingers und der Touch-Oberfläche kann man nun direkt eine Auswahl treffen.

Weiter geht es mit dem Verbinden des WLAN-Netzwerkes mit dem Amazon Echo Spot. Im Normalfall sollte das eigene Netzwerk direkt angezeigt werden. Wählt man dieses aus, kann man anschließend das WLAN-Passwort eingeben, um die Verbindung endgültig herzustellen und zu speichern. Anderenfalls kann man auch die Option darunter, „Netzwerk hinzufügen", wählen, um selbst die Daten des Netzwerkes einzugeben.

Sollte jedoch keine Verbindung mit dem eigenen WLAN-Netzwerk hergestellt werden können, so empfiehlt Amazon, einfach einmal den Stecker zu ziehen und diesen anschließend wieder einzuführen, damit das Gerät und damit auch die Einrichtung neu starten.

Hat man die Verbindung zwischen smartem Wecker und WLAN-Netzwerk erfolgreich hergestellt wird man aufgefordert sich in sein Amazon Konto einzuloggen. Dazu kann man entweder seine E-Mail oder seine hinterlegte Telefonnummer angeben und natürlich das Passwort. Eine Option zum Erstellen eines neuen Kontos bei Amazon gibt es auf dem Amazon Echo Spot selber nicht. Dies müsste man also, wenn man dies tun möchte am Smartphone, am Tablet oder am Laptop oder Computer machen. Diese Eingabe muss danach noch mit einem „Ja, das bin ich" bestätigt werden.

Als Nächstes wählt man die Zeitzone aus, welche im Fall von Deutschland, aber auch beispielsweise von Österreich und von der Schweiz die „Mitteleuropäische Normalzeit" ist. Dies ist wichtig, da es sich immerhin um einen Wecker handelt, der dem Nutzer auch die richtige Uhrzeit anzeigen soll.

Hat man dies getan, kann man seinem smarten Wecker einen Gerätenamen geben. Standesgemäß übernimmt das Gerät den eigenen Namen aus dem Amazon Konto und hängt ein [Name]"'s Echo Spot" dran. Dies kann man jedoch ändern, indem man darauf klickt und über die kleine Tastatur auf der Touch-Oberfläche einen neuen Namen eingibt.

Ist man im Besitz von mehr als nur einem Amazon Echo Gerät, so empfiehlt sich beispielsweise dem Gerät dem Namen des Zimmers zu geben, in welchem das Gerät steht.

Bestätigt man diese Eingabe ebenfalls, beginnt ein ca. zweiminütiges Einstiegsvideo zum Amazon Echo Spot. Dieses kann man sich definitiv einmal aktiv anschauen, da das Video durchaus sehr gut gemacht ist und auch einige Informationen sehr kurz und knapp vermittelt.

Es folgt die kurze Vorstellung der Amazon Prime Mitgliedschaft, für welche man sich anmelden kann, wenn man diese noch nicht bereits abgeschlossen hat. Allerdings ist Amazon Prime keine Pflicht und muss nicht zwingend abgeschlossen werden, um den Amazon Echo Spot zu nutzen und mit der Einrichtung des Gerätes fortzufahren.

Dies war im Grunde auch schon der letzte Schritt der doch relativ kurzen Einrichtung. Amazons Sprachassistentin Alexa teilt einem dann mit, dass das Gerät nun bereit ist und dass die Einrichtung abgeschlossen ist. Visuell sieht man das daran, dass auf dem Display ein Ziffernblatt mit der aktuellen Uhrzeit der eingestellten Zeitzone erscheint.

Nun kann man den smarten Wecker ganz normal nutzen und mit Amazons Alexa sprechen. Dazu sagt man, wie bereits bekannt, nur am Anfang des Satzes oder der Frage das Aktivierungswort „Alexa". Auch das Touch-Display sowie die anfangs gedownloadete Alexa App können ganz normal und einfach genutzt werden.

Selbstverständlich kann man aber als Nutzer noch deutlich mehr Dinge einstellen und konfigurieren. Allerdings sind diese Dinge nicht zwingend notwendig für die normale Nutzung des Gerätes. Im Kapitel zu den Einstellungen lassen sich jedoch noch weitere Konfigurationsmöglichkeiten finden. Hier sollte es jedoch ausschließlich um die Einrichtung des Amazon Echo Spot gehen, da diese zuallererst durchgeführt werden muss, bevor man jegliche andere Möglichkeiten des Gerätes nutzen kann.

Die Einrichtung des Amazon Echo Spot gestaltet sich, auch dank vieler Erklärungen von Amazon selber, sehr einfach.

Wie läuft die Kopplung bzw. die Verbindung zwischen Amazon Echo Spot und einem weiteren Gerät ab?

Grundlegend gibt es zwei Möglichkeiten, wie man den smarten Wecker mit weiteren Geräten, wie einer Musik-Box oder einer Stereoanlage verbinden kann und welche sogar schon allen Lesern und Leserinnen, die bis hier hin aufmerksam gelesen haben, bekannt sein sollten. Die Rede ist von der Verbindung per AUX-Kabel bzw. 3,5-Millimeter-Klinken-Kabel. Natürlich ist diese Kabelverbindung am besten, um Musik auf einem externen Gerät abzuspielen, welches extra für die Musikausgabe gemacht ist. Jedoch gibt es auch hierfür, aber eben auch für die Verbindung mit den unterschiedlichsten Smart Home Produkten, noch eine weitere Verbindungsmöglichkeit, um die es in diesem Kapitel gehen soll.

Einige können es sich sicher schon denken; es soll um die Verbindung per Bluetooth gehen. Diese Art der Verbindung wird schon seit einigen Jahren zur Datenübertragung zwischen zwei Geräten verwendet, welche sich nicht allzu weit voneinander entfernt befinden. Dadurch, dass sich Bluetooth nun schon seit vielen Jahren bewährt hat, kann man sowohl als Nutzer, als auch als Hersteller und Anbieter von verschiedensten Produkten daraufsetzten und vertrauen. Aus diesem Grund sind sehr viele Geräte heutzutage Bluetooth-fähig.

So auch der Amazon Echo Spot, nahezu alle Musik-Boxen und mittlerweile auch immer mehr Stereo-Anlagen. Sollte man Geräte besitzen, die nicht die Möglichkeit der Bluetooth-Verbindung besitzen, so kann man diese meistens ganz einfach per Bluetooth Transmitter nachrüsten.

Die Verbindung über Bluetooth beim smarten Wecker von Amazon kann man jedoch selber auch nochmals in zwei unterschiedliche Möglichkeiten unterteilen. Denn einmal kann man die Verbindung über das Gerät, bzw. über das Touch-Display sowie die Sprachsteuerung, selber einrichten und zum anderen geht selbiges auch über die Alexa App auf dem Smartphone oder Tablet.

Zu aller erst muss man den sogenannten Pairing-Modus, also den Kopplungs-Modus, des Bluetooth-Lautsprechers anschalten, damit das Bluetooth-Signal des Gerätes vom Amazon Echo Spot gefunden werden kann. Sollte man nicht wissen, wie dies funktioniert, so findet man normalerweise genauere Informationen dazu in der Bedienungsanleitung des jeweiligen Gerätes. Wie bereits gesagt, kann man alle möglichen Lautsprecher oder Musik-Anlagen mithilfe eines Bluetooth Transmitters auch einfach Bluetooth-fähig machen. Wenn man diesen dann in den Pairing-Modus versetzen will und nicht weiß, wie das funktioniert, so findet man natürlich hier auch wieder Informationen im Benutzerhandbuch des Transmitters.

Danach sagt man zu Alexa „Gehe zu Einstellungen", damit man die Bluetooth-Einstellungen treffen kann. Optional kann man auch auf dem Display einfach von oben nach unten wischen und danach auf das Zahnrad, also auf die Einstellungen, tippen.

Nun wählt man „Bluetooth" aus und versetzt damit auch den Amazon Echo Spot in den bereits bekannten Pairing-Modus. Hat der smarte Wecker dann den Bluetooth-Lautsprecher erkannt, so fügt das Gerät den Lautsprecher automatisch in die Liste der verfügbaren Geräte hinzu und kann nun gekoppelt werden.

Im letzten Schritt klickt man auf den Namen des Bluetooth-Lautsprechers und folgt nur noch den Anweisungen, welche auf dem runden Display des Gerätes angezeigt werden. Die Sprachassistentin Alexa teilt einem dann mit, ob eine Verbindung hergestellt werden konnte. Sollte dem so sein, ist das Gerät erfolgreich gekoppelt und kann von nun an immer wieder und ganz schnell verwendet werden, um Musik oder sonstige Audiosequenzen auszugeben.

Auch bei der zweiten Möglichkeit, dem Verbinden per Bluetooth über die Alexa App beginnt man, indem man den Pairing-Modus des Bluetooth-Lautsprechers einschaltet.

Anschließend öffnet man die Alexa App auf dem Smartphone oder Tablet und tippt im Menü, welches man durch Wischen von links nach rechts öffnet, auf „Alexa-Geräte". Dort wählt man einfach sein Gerät aus und klickt auf „Bluetooth-Geräte". Nun muss man nur noch auf „Ein neues Gerät koppeln" drücken und schon wechselt der smarte Wecker in den Pairing-Modus. Wird der Bluetooth-Lautsprecher erkannt, so erscheint dieser wieder in der Liste der verfügbaren Geräte und man verfährt, wie bereits zuvor erklärt.

Es könnte die Frage aufkommen; warum man überhaupt die Verbindung per Bluetooth nutzen sollte, um seine Musik über externe Ausgabegeräte wiederzugeben. Doch diese ist relativ leicht zu beantworten. Zwar ist die Soundqualität bei einer Übertragung per Kabel besser, als bei einer drahtlosen

Verbindung per Bluetooth, da dabei die Dateien komprimiert werden und auch etwas an Qualität verloren geht. Allerdings hat sich die Datenübertragung per Bluetooth in den letzten Jahren nochmal deutlich weiterentwickelt, sodass man getrost darauf zurückgreifen kann und der Qualitätsverlust minimiert wurde. Vor allem in Kombination mit der Multiroom-Wiedergabe, welche der Amazon Echo Spot ermöglicht, ist die Möglichkeit der Verbindung per Bluetooth unumgänglich und durchaus hilfreich. Denn mithilfe von Bluetooth kann man eben mehr als nur ein Audioausgabegerät mit dem Amazon Echo Spot verbinden und somit auch in mehr als nur einem Raum Musik oder andere Audiosequenzen wiedergeben.

Doch noch eine weitere Frage kann für manche kurz vor Ende dieses Kapitels aufkommen; denn man kann den Amazon Echo Spot doch nicht nur mit Lautsprechern, Musik-Boxen und Stereo-Anlagen verbinden, sondern auch noch mit Smart Home Produkten. Diese werden nahezu alle per WLAN-Verbindung gekoppelt und genutzt. Befinden sich Amazon Echo Spot und Smart Home Gerät also im gleichen WLAN-Netzwerk, so können sie miteinander kommunizieren und Daten sowie Befehle und Informationen austauschen. Hierzu empfiehlt sich vor allem die übersichtliche und praktische Alexa App, in der man über den Menüpunkt „Smart Home" ganz einfach alle hinzugefügten Smart Home Geräte verwalten kann. Verbinden kann man diese dann am besten per Sprachbefehl, indem man zu Alexa „ " sagt. Damit beginnt Alexa die Suche nach kopplungsbereiten Smart Home Geräten und stellt dann meist problemlos und automatisch die Verbindung mit dem Gerät her. Danach kann man dann in der Alexa App auf die angesprochene Verwaltungsmöglichkeit zurückgreifen und einige Einstellungen treffen, die im weiteren Verlaufe dieses Ratgebers in einem extra Kapitel nochmals thematisiert werden.

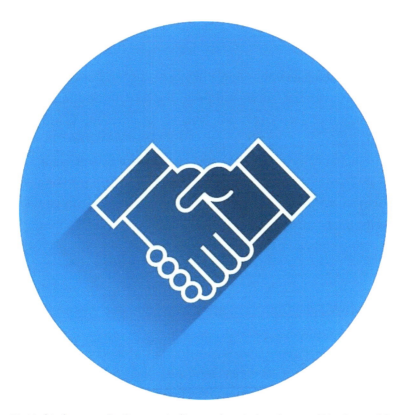

Die Verbindung von Geräten zur Audioausgabe mit dem Amazon Echo Spot erfolgt über den Audioausgang oder über Bluetooth, während man Smart Home Geräte meistens per WLAN verbindet.

Kann man den Amazon Echo Spot personalisieren, also an sich selbst anpassen?

Zwei Personalisierungs-Möglichkeiten wurden bereits mit der Silikon-Schutzhülle sowie mit dem Display-Umrandungs-Skin ausführlich erklärt. Der große Nachteil bei diesen beiden Möglichkeiten ist jedoch, dass sie zusätzliche Kosten verursachen. Doch alle, die nicht gerne noch etwas extra bezahlen möchten, allerdings trotzdem ihr Gerät personalisieren möchten, können sich im Laufe dieses Kapitels beruhigen. Denn es gibt auch noch ein paar weitere Möglichkeiten, seinen Amazon Echo Spot zu personalisieren.

Die erste Möglichkeit ist relativ simpel und auch jedem bekannt; man kann einfach zwischen den beiden Farben schwarz und weiß beim Kauf des Produktes wählen. Damit verändert sich zwar lediglich die Farbe des Gehäuses, jedoch macht das schon sehr viel aus. Denn ein schwarzes Gehäuse mit schwarzer Displayumrandung wirkt sehr schlicht, klassisch und zeitlos. Das weiße Gehäuse mit schwarzer Displayumrandung ist aufgrund des Kontrastes etwas auffälliger, wenn auch immer noch recht klassisch, aber dafür eher moderner.

Eine weitere Möglichkeit ist das Ziffernblatt, welches standesgemäß auf dem Display des smarten Weckers angezeigt wird. Hier kann man grundlegend zwischen einem analogen Design, mit kreisenden Zeigern, sowie einem digitalen Design, also mit angezeigten Zahlen, wählen. Doch das ist noch nicht alles, denn bei beiden Möglichkeiten gibt es die unterschiedlichsten Hintergründe und Designs. So kann man neben ganz klassischen und schlichten Designs der Ziffernblätter auch sehr abgehobene und auffällige Hintergründe wählen. Egal welche Personen das Gerät nutzen, hier sollte wirklich jeder etwas Passendes für sich finden.

Von der Optik geht es nun hin zur Funktionalität des smarten Weckers, denn auch diese ist dank der unzähligen Möglichkeiten absolut personalisierbar. Zum einen kann man natürlich für sein Gerät selbst bestimmten, welche Alexa Skills aktiviert und genutzt werden sollen. Daher jedes Amazon Echo Gerät im Grunde seine eigene Auswahl an Funktionen und Möglichkeiten, die es dem Nutzer bietet. Denn umso mehr Alexa Skills man aktiviert, umso mehr Funktionen kann man nutzen. Einige Nutzer erfreuen sich vielleicht auch wirklich an einer hohen Quantität, also einer großen Vielfalt, der Alexa Skills auf ihrem Echo Gerät. Während viele andere Nutzer vielleicht eher die Qualität, also den Nutzen, der Alexa Skills auf ihrem Echo Gerät präferieren. Daher gibt es eben viele Nutzer, die lediglich fünf bis zehn Skills aktiviert haben, diese aber dafür auch täglich nutzen und die ihnen wirklich täglich nicht nur Spaß und Freude, sondern einen wirklichen Mehrwert im Alltag bieten.

Wem diese Personalisierungs-Möglichkeiten noch nicht genug sind, der kann zu zwei weiteren Möglichkeiten greifen, die jedoch eher in Richtung der Individualisierungsmöglichkeiten gehen.

Denn was die Optik angeht, steht es jedem Nutzer frei, ob er sein Gehäuse selbst noch etwas schmückt oder dies lässt und eher auf das klassische und saubere Schwarz oder Weiß zurückgreift. An vielen Stellen des Gehäuses lassen sich nämlich Sticker anbringen, welche das Gerät individualisieren und verschönern können. Hat man passende Sticker gefunden, die vom Design und der Größe passen, so bleibt nur darauf zu achten, dass man oben nicht die Tasten oder Mikrofone, hinten nicht die Anschlüsse und unten nicht die Lautsprecher-Ausgänge zuklebt. Zwar ist die Oberfläche des Gerätes rund, jedoch halten viele Sticker trotzdem sehr gut auf der glatten Oberfläche.

Was wiederum die Funktionalität angeht, gibt es mit IFTTT ebenfalls eine Individualisierungsmöglichkeit für den Amazon Echo Spot. Denn mit der IFTTT App lassen sich ganz schnell und einfach neue Alexa Skills kreieren und hinzufügen, welche man dann anschließend problemlos nutzen kann. Eine genauere Anleitung und Einweisung zu IFTTT folgt noch im Laufe dieses inoffiziellen Handbuches.

Festzuhalten bleibt, dass es auch einige kostenfreie Möglichkeiten gibt, seinen smarten Wecker daheim zu personalisieren oder sogar zu individualisieren. Diese sind größtenteils sehr einfach durchzuführen und es ist jedem absolut selbst überlassen, ob oder inwieweit man diese Möglichkeiten nutzt. Denn sowohl auf optischer, als auch auf funktioneller Ebene gibt es genug Möglichkeiten für jeden Nutzer, damit eine freie Entscheidung und sogar eine freie Auswahl zwischen diesen Möglichkeiten getroffen werden kann.

Amazon bietet bei seinem smarten Wecker sowohl auf Hardware- als auch auf Software-Ebene einige Möglichkeiten zur Personalisierung an.

Wie nutzt man die Weck-Funktion des smarten Weckers genau?

Als smarter Wecker muss man natürlich wecken können und das kann der Amazon Echo Spot auf jeden Fall. Leider kann man den Wecker weder über irgendwelche Tasten, noch über irgendwelche Fingerbewegungen auf dem Touch-Display. Daher gibt es nur eine mögliche Steuerungsart, die das Stellen eines Weckers bzw. Alarms oder auch Timers auf dem Amazon Echo Spot erlaubt; es handelt sich natürlich um die Sprachsteuerung.

Sagt man also seiner Sprachassistentin nach einer langen Partynacht „Alexa, wecke mich heute um 13:00 Uhr", so bestätigt Alexa das Stellen des Weckers und zeigt dies zudem visuell auch auf dem Display an. Meistens stellt man jedoch den Wecker etwas früher und sagt eher etwas wie „Alexa, stelle den Wecker morgen für 6:30 Uhr". Dann kann man allerdings eine Nachfrage der Sprachassistentin erwarten, die dann „Meintest du morgens oder abends?" antwortet. Darauf kann man dann direkt mit „abends" oder „morgens" antworten, ohne vorher „Alexa" zu sagen, da die Sprachaufnahme direkt aktiviert ist und eine Antwort des Nutzers erwartet wird.

Sehr nutzerfreundlich ist auch, dass die Weckfunktion sogar ohne eine aktive WLAN-Verbindung funktioniert. Zwar muss eine Verbindung zum Internet bestehen, um den Wecker überhaupt zu stellen. Klingeln kann das Gerät jedoch auch ohne die besagte Verbindung. Dies ist dann eben sehr hilfreich oder notwendig, wenn das WLAN in der Wohnung oder im eigenen Haus über die Nacht ausgeschaltet wird. Denn selbst dann weckt einen der Amazon Echo Spot morgens, vorausgesetzt man hat den Wecker abends bei aktiver WLAN-Verbindung bereits gestellt. Allerdings muss man dann mit kleinen Abstrichen rechnen.

Normalerweise kann man nämlich Lieder auswählen, mit denen man dann geweckt wird. Diese sind jedoch nicht auf dem smarten Wecker gespeichert, sondern werden via Internetverbindung gestreamt. Dazu werden die gängigen Musik-Plattformen, wie Spotify oder Amazon Music, genutzt. Ist die Internetverbindung jedoch nicht aktiv, so können auch keine Lieder, welche vorher zum Wecken ausgewählt worden sind, gestreamt und abgespielt werden. Daher greift das Gerät dann einfach auf einen Standard-Weckton zu, der auf dem kleinen Gerät gespeichert ist.

Nachts ist der Bildschirm des smarten Weckers dunkel bzw. Ausgeschaltet, sodass dieses nicht beim Schlafen stört. Klingelt der Wecker dann, ganz egal, ob mit einem selbstgewählten oder mit dem bereits vorinstallierten Weckton, so schaltet sich das Display wieder ein und der Weckton beginnt.

Doch natürlich muss es immer eine Möglichkeit geben den Wecker zu stoppen. Dies ist in diesem Fall relativ einfach, indem man mit dem Finger auf dem Touch-Display des Gerätes nach oben wischt. Sofort stoppt der Weckton und der gestellte Wecker ist deaktiviert.

Grundlegend funktioniert die Weck-Funktion des Amazon Echo Spot also wie bei jedem normalen Wecker auch und ist zudem sehr zuverlässig. Dies ist jedoch auch zu erwarten, wenn es sich um einen sogenannten smarten Wecker handelt. Allerdings kommen noch einige Besonderheiten, wie der personalisierbare Weckton oder das Stellen des Weckers per Spracheingabe hinzu, die den Amazon Echo Spot definitiv zu einem sehr guten Wecker machen.

Den Wecker stellt man auf dem Amazon Echo Spot ganz einfach über die Alexa-Sprachsteuerung.

Bietet Amazon bei seinem smarten Wecker die Möglichkeit der Telefonie bzw. der Video-Telefonie an?

Im Vergleich zum Amazon Echo oder dem Amazon Echo Dot bietet der Amazon Echo Spot tatsächlich nicht nur das normale Telefonieren an, sondern verfügt sogar über die Möglichkeit der Video-Telefonie mit anderen Amazon Alexa Geräten sowie der Alexa App auf Smartphones und Tablets. Wird man auf seinem smarten Wecker angerufen, so meldet sich die Sprachassistentin Alexa zu Wort und zusätzlich dazu leuchtet der Lichtring am Displayrand grün. Per Spracheingabe kann man dann Alexa sagen, ob der Anruf angenommen oder abgelehnt werden kann. Alternativ geht dies aber auch über das Touch-Display.

Jedoch wirbt Amazon vor allem mit den sogenannten „Hands-free" Sprachanrufen. Doch was soll das genau bedeuten, fragen sich sicher einige. Im Grunde handelt es sich einfach um eine Art der Telefonie, bei der man weder einen Telefonhörer oder ein Gerät in der Hand halten muss, um das Telefonat zu führen, noch bei der man eine Nummer mit den Fingern eintippen bzw. wählen muss oder etwas dergleichen. Man benötigt also in keinem Fall auch nur seine Finger oder seine Hände, um ein normales Telefonat oder die Video-Telefonie durchzuführen. Trotzdem funktioniert alles ganz normal, wie man es vom Smartphone oder dem Telefon daheim gewohnt ist. Man sucht einen Gesprächspartner aus, versucht eine Verbindung herzustellen und spricht mit dieser Person.

Den Gesprächspartner kann man zwar eigentlich frei wählen, jedoch ist dieser in diesem Fall etwas eingeschränkt, da man eben ausschließlich Freunde oder Bekannte mit eigenen Amazon Echo Geräten oder der Alexa App anrufen kann, welche man hinzugefügt hat. Allerdings ist es dabei egal, welche Art von Amazon Echo oder welche Version der Alexa App der Gesprächspartner hat, sodass man wenigstens hier nicht an etwas gebunden ist.

Eine Ausnahme gibt es jedoch schon; denn zwar bietet der Amazon Echo Spot mit seiner integrierten Innenkamera die Video-Telefonie an, allerdings nur mit bestimmten Geräten. So kann man, wie bereits eingangs angedeutet, eben den Amazon Echo sowie den Amazon Echo Dot, aber auch den Amazon Echo Plus nicht mit einem Video-Anruf kontaktieren, da diese einfach keine eingebaute Kamera haben, die diese Funktion ermöglichen würde. Jedoch kann man neben anderen Amazon Echo Spot Geräten auch Amazon Echo View Geräte anrufen. Dazu kommt noch, dass auch die Alexa App die Möglichkeit der Video-Telefonie anbietet, wodurch im Grunde doch wieder jeder angerufen werden kann. Denn sicherlich verfügt jeder Alexa Nutzer auch über ein Smartphone oder sogar ein Tablet, welches zur Video-Telefonie genutzt werden kann, vorausgesetzt hier ist eine Kamera eingebaut.

Die Alexa App ist vor allem im Zusammenhang mit dem Telefonieren eigentlich sowieso ein Must-Have. Denn mit ihr hat man dauerhaft Zugriff auf Unterhaltungen und all seine Kontakte, die man in der Alexa App kinderleicht synchronisieren kann.

Diese kann man dann sehr einfach und schnell kontaktieren. Das bedeutet, dass man auch unterwegs dauerhaft und jederzeit Zugriff auf alles hat und Anrufe an seine Familie und Freunde mit einem Alexa Gerät tätigen kann. Doch nicht nur Anrufe sind komplett kostenlos möglich, sondern auch Nachrichten, welche man einfach abschicken kann.

Dazu sagt man „Alexa, sende eine Nachricht." und teilt der Sprachassistentin danach noch genau mit an welche Person aus der Kontaktliste man diese schicken möchte. Anschließend muss man den Inhalt der Nachricht nur noch einsprechen und Alexa versendet diese Nachricht direkt an den gewählten Kontakt.

Erhält man selber eine Nachricht, so kann man bei Eingang dieser Nachricht einen Ton über die Lautsprecher vernehmen und dies auch visuell am gelb leuchtenden Lichtring um das Display sehen. Auch hier wird wieder klar, warum die kostenlose Alexa App wirklich ein Must-Have ist; denn sie benachrichtigt den Nutzer ebenfalls, wenn man eine Nachricht oder einen Anruf erhält ganz unkompliziert über das Smartphone.

Eine ganz besondere Funktion ist das sogenannte Drop In des Amazon Echo Spot bzw. der Alexa Geräte in Bezug auf die Möglichkeit der Telefonie. Primär geht es dabei um die schnelle Verbindung mit der Familie oder mit Freunden oder auch anderen Amazon Echo Geräten bei einem in der eigenen Wohnung. Die Verbindung bleibt also innerhalb der eigenen vier Wände bzw. innerhalb der eigenen Wohnung, zwischen unterschiedlichen Zimmern also. Dies kann man nutzen, um das hoffentlich schlafende Baby im Kinderzimmer auf dem Amazon Echo Spot im Wohnzimmer anzuzeigen oder um vom Arbeitszimmer aus in der Küche zu fragen, ob das Abendessen schon fertig ist. Diese Funktion kann jederzeit für die verschiedenen Geräte aktiviert oder deaktiviert werden und es handelt sich quasi nur um eine ganz schnelle Art der Kontaktaufnahme mit anderen Personen bzw. Räumen oder Alexa Geräten. Des Weiteren kann man natürlich Anfragen zum Drop In auch einfach ablehnen oder sogar bestimmte Anrufer, die einen per Drop In kontaktieren wollen, sperren.

Neben dem Amazon Echo Show, ist der Amazon Echo Spot das einzige Echo Gerät, das zusätzlich zum normalen Telefonieren auch über die Möglichkeit der Video-Telefonie verfügt.

Was sind die Skills, welche für Amazons Alexa verfügbar sind?

Bei den Amazon Alexa Skills handelt es sich um eine Art von Anwendungen für die Amazon Echo Geräte. Diese kann man sehr schnell und kinderleicht durch eine spezifische Wortkombination starten und dann die jeweiligen Funktionen nutzen. Alexa Skills sind nicht nur selber sehr einfach leicht zu nutzen, sondern machen auch die gesamte Nutzung der Alexa Sprachsteuerung deutlich einfacher. Mit den Alexa Skills hat Amazon eine ganz neue und smarte Art der Sprachsteuerung erschaffen und für den breiten Markt kostenlos nutzbar und weiter entwickelbar gemacht. Natürlich muss man für die Amazon Echo Geräte teilweise sehr tief in die Tasche greifen, doch teilweise gibt es auch günstige Wege, die Alexa Skills zu nutzen. Denn die Skills selber können kostenlos heruntergeladen werden. Wie genau man diese herunterlädt behandelt noch ein extra Kapitel in diesem Ratgeber. Vor allem im Bereich Smart Home ermöglichen und erleichtern die Alexa Skills die Steuerung immens. Durch die spezifischen Skills der Partner und Fremdanbieter, aber auch aus der Community, kann die Steuerung der unterschiedlichsten Smart Home Geräte, aber auch die Unterstützung im Alltag ermöglicht werden. In erster Linie kann man sagen, dass durch die Alexa Skills die Funktionen und Möglichkeiten von Alexa und somit auch des Amazon Echo Spot quasi unendlich erweiterbar sind und stetig wachsen.

Am besten und nutzerfreundlichsten ist wohl das sehr leichte Dialogschema, welches bei den Alexa Skills verwendet wird. Denn dieses besteht lediglich aus Frage oder Befehl des Nutzers an die Sprachassistentin und die darauffolgende Antwort oder Befehlsausführung durch Alexa. Starten kann man dieses simple

Dialogschema natürlich, wie sollte es auch anders sein, mit dem Wort „Alexa", welches am Beginn jeder Frage, jedes Befehls oder jeder anderen Ansprache oder Anfrage an die Sprachassistentin des Amazon Echo Spot steht. Sowohl Fragen, als auch Befehle sind in einer bestimmten Form in einer Cloud gespeichert bzw. vorgegeben. Trifft man mit einer Anfrage an Alexa eine dieser gespeicherten Musterfragen oder Musterbefehle eines bestimmten Skills, so wird dieser ausgeführt. Man bekommt dann entweder spezifische Informationen oder eine Ausführung eines geforderten Befehls bzw. einer geforderten Aktion. Dabei kann es sich um eigene Informationen aus der Datenbank bzw. Cloud von Amazon handeln, aber natürlich auch um Informationen von Drittanbietern oder Fremdanbietern, welche eine Partnerschaft mit Amazon eingegangen sind oder einfach nur freie und kostenlose Informationen für die Nutzer von Alexa Skills bereitstellen. Bei den Befehlen oder Aktionen kann es sich um die Wiedergabe von Medieninhalten oder auch die Steuerung von Smart Home Geräten handeln.

Ganz besonders gut ist das Wort- und Sachverständnis von Alexa in Bezug auf die Alexa Skills. Denn wie bereits erwähnt sind gewisse Frage- oder Befehlsmuster schon unter den jeweiligen Skills gespeichert bzw. hinterlegt. Jedoch ist man nicht gezwungen einen ganz bestimmten Satz zu sagen, um einen spezifischen Alexa Skill zu starten. Denn auch Variationen in den Sätzen, also Fragen und Befehlen, sind möglich und werden meistens ohne Probleme von Alexa verstanden und verarbeitet. Das bedeutet, dass vom System selber weder eine genaue Analyse auf den Kontext, noch auf die Grammatik gemacht wird. Dadurch werden Fehler oder keine Ergebnisse quasi eliminiert, jedoch kann es ab und an mal zu Missverständnissen kommen, was jedoch wirklich sehr selten der Fall ist. Wichtig zu beachten ist also, dass die Sprachassistentin Alexa niemals den gesamten Umfang der gesprochenen Sätze nimmt und verarbeitet, sondern sich lediglich einzelne essentielle und markante Wörter oder Wortgruppen herauspickt, um dann wirklich auch das richtige und gewünschte Ergebnis schnell und präzise präsentieren zu können. Daher kann man die Satzstellung von Anfrage zu Anfrage an die Sprachassistentin immer etwas abändern und man wird trotzdem zum gewünschten Ziel kommen. Die Alexa Skills werden also basierend auf wenigen gesprochene Worten nach dem Start-Wort „Alexa" erkannt und ausgegeben.

Mit mehr als 15000 Alexa Skills steht mittlerweile eine immens große Auswahl an Funktionen und Möglichkeiten der Sprachassistentin Alexa zur Verfügung. Jedoch sind viele der Skills noch auf Englisch und sind teilweise auch nur in den Vereinigten Staaten von Amerika erhältlich. Trotzdem decken die verfügbaren Alexa Skills in deutscher Sprache schon jeden Bereich mehr als gut ab, weshalb man als Nutzer, egal mit welchen Interessen, definitiv auf seine Kosten kommen sollte. Vor allem im Vergleich mit ähnlichen Möglichkeiten der Konkurrenz, mit Google Home und Cortana, schlägt Amazon mit seinen Alexa Skill diese um Längen. Die Übersetzung der englischsprachigen Skills ins Deutsche geht ebenfalls relativ schnell voran und auch die Skills aus der Community, also von ganz normalen Nutzern, nehmen immer weiter zu. Dadurch bestätigt sich eine vorher getätigte Aussage, nämlich, dass Alexa mit zunehmender Nutzeranzahl auch selber immer smarter und besser wird und dies liegt natürlich maßgeblich an den Amazon Alexa Skills.

Bei einer so großen Anzahl an Alexa Skills und dementsprechend einer immens großen Auswahl für die Nutzer, sollte man zunächst einmal die unterschiedlichen Arten der Skills für die Sprachassistentin kennenlernen, um zu sehen, in welchen Bereichen es alles Skills und Funktionen gibt und welche davon für einen selber zur Nutzung infrage kommen.

Dazu sollen nun einmal exemplarisch drei ganz interessante Alexa Skills vorgestellt werden, welche es schon recht lange gibt und welche sehr stark genutzt werden. Diese drei Skills ähneln teilweise anderen Alexa Skills und sind daher gut geeignet, um die Welt der Skills kennenzulernen und erste Erfahrungen zu sammeln, sollte man diese noch nicht besitzen. Dabei wird zwar eine Art Einteilung vorgenommen, jedoch nicht direkt in die Kategorien, welche man zum Beispiel auf der Website oder in der Alexa App finden kann. Es handelt sich also nicht um die Einteilung in beispielsweise Essen, Filme, Lifestyle, Musik, Nachrichten, usw., sondern um die Einteilung in den Info Skill, die Flash Briefing Skills und die Smart Home Skills.

Die Amazon Alexa Skills sind Erweiterungen des Funktionsumfangs der Sprachassistentin Alexa, die einem im Alltag sehr behilflich sein können.

Info Skill

Der Info Skill ist ein sehr umfangreicher und hilfreicher Skill für Amazons Alexa. Er vereint zahlreiche unterschiedliche Abfragemöglichkeiten. So kann man Informationen zu den öffentlichen Verkehrsmitteln in der Umgebung bekommen und sogar gezielt nach bestimmten Verbindungen fragen. Allerdings muss man dazu definitiv der Sprachassistentin den Startort sowie auch den Zielort nennen. Diese Informationen ruft Alexa dann aus frei zugänglichen Informationen der jeweiligen Anbieter aus dem Netz ab. Des Weiteren kann man auch nach Kinofilmen fragen, welche aktuell im Kino einer bestimmten Stadt laufen, genauso wie die passenden Spielzeiten finden. Fragt man dann nach Informationen zu einem genauen Film, so sollte man die Frage auch präzise formulieren, soweit es möglich ist, damit die Sprachverarbeitung des Amazon Echo Spot auch wirklich das richtige Ergebnis liefert. Eine andere Möglichkeit, welche der Info Skill bietet, ist auch die Abfrage der Müllabholung vor Ort. Dabei greift Alexa auf regionale Pläne zurück, auf welchen geregelt ist, wann genau welcher Müll abgeholt wird. Diese Pläne sollten jedem Haushalt im Grunde auch so vorliegen, jedoch findet man diese manchmal einfach nicht oder man vergisst darauf zuschauen, weshalb diese Funktion des Info Skills durchaus sehr hilfreich sein kann.

Für den Fall, dass sich der Amazon Echo Spot in der Küche befindet, kann man über diesen Skill sogar Kochrezepte abfragen. Dies kann das Kochen deutlich erleichtern, da man nicht mehr in einem Kochbuch nachlesen muss und mit schmutzigen Fingern umblättern oder nachschlagen muss.

Wohl am aller wichtigsten ist die Abfrage von Terminen aus dem Kalender. Dabei kann man natürlich nach ganz bestimmten Terminen oder Daten sowie Erzeugnissen fragen und genaue Antworten basierend auf den Kalendereinträgen erhalten. Oder man fragt einfach die Termine für einen oder mehrere Tage komplett ab. Die Ergebnisse bzw. Antworten können auf den unterschiedlichsten Kalendern basieren, welche man regelmäßig nutzt und die dann mit Alexa synchronisiert werden. Diese können also eigene eingetragene Termine sowie auch Termine wie Feiertage enthalten, welche über das Internet automatisch hinzugefügt werden. Ähnlich ist auch die Erstellung von To-do-Listen Mithilfe der smarten Sprachassistentin, damit man wichtige Aufgaben oder Erledigungen nicht vergisst und diese ganz einfach oder auch nur ein Wort schreiben zu müssen trotzdem vermerkt hat.

Doch auch zur Taxibuchung kann man den Info Skill von Amazons Alexa perfekt nutzen. Somit spart man sich das Heraussuchen einer Telefonnummer eines Taxiunternehmens sowie auch den Anruf selber, da Alexa sowohl ein passendes Taxiunternehmen heraussucht, als auch die Buchung selber komplett übernimmt.

Ebenfalls zum Info Skill zählt das Wörterbuch, welches man ganz einfach über die Sprachabfrage von Alexa nutzen kann. Die Nutzung bietet sich an, wenn man sich nicht sicher ist, wie ein bestimmtes Wort geschrieben wird oder sich was es bedeutet, denn auch eine Art Lexikon ist damit verknüpft. Denn ein Wörterbuch oder Lexika werden ohnehin immer seltener genutzt, da man die gewünschten Informationen durch die Digitalisierung eben auch deutlich einfacher, bequemer und vor allem schneller erhalten kann.

Flash Briefing Skills

Im Gegensatz zum Info Skill gibt es nicht den einen Flash Briefing Skill, sondern mehrere, welche jedoch sehr ähnlich sind und daher unter diese Art der Skills fallen. Deren Gemeinsamkeit ist, dass alle Flash Briefing Skills Nachrichten aus aller Welt sowie natürlich auch direkt aus Deutschland und einzelnen Regionen und allen Bereichen in Audioform wiedergeben. Es können entweder spezifische Nachrichtenthemen, wie Politik, Wirtschaft, Sport, Unterhaltung oder auch Lifestyle, sein, aber auch allgemeine Nachrichten, welche mehrere aktuelle Themen und Inhalte umfassen und thematisieren und somit viele der genannten Bereiche sowie einige weitere Schlagzeilen abdecken. Diese Nachrichten sind in kurzen, aber sehr informativen und meistens auch interessanten Meldungen und Sequenzen zusammenfasst, damit der Nutzer bzw. Hörer dieser Meldungen möglichst viele Informationen in kurzer Zeit erhalten kann. Es gibt für jede dieser unterschiedlichen Arten einen oder mehrere verschiedene Flash Briefing Skills.

Zudem kann man die Sprachassistentin Alexa auch nach seiner täglichen Zusammenfassung fragen, welche dann zusammengestellt wird. Basieren tut diese personalisierte Nachrichtenzusammenfassung auf bestimmten Themenbereichen, welche man selbst als interessant gekennzeichnet hat und sich daher in der täglichen Zusammenfassung befinden sollen. Diese Zusammenfassung, aber auch die normale Abfrage der Nachrichten über die unterschiedlichen Flash Briefing Skills erspart einem also viel Zeit, denn man muss nicht mehr lange die Zeitung lesen oder auf Nachrichten im Fernsehen warten, sondern erhält zu jedem gewünschten Zeitpunkt die für sich selbst interessanten Nachrichten als Audiosequenzen.

Sehr beliebt sind vor allem Flash Briefing Skills der Anbieter bzw. der Nachrichtendienste Tagesschau, ZDF oder Deutschlandfunk. Doch diese Anbieter haben ihren Skills meistens spezifischere Namen gegeben, welche meistens schon etwas über den Inhalt oder die Art der Audiosequenzen aussagen. Man erkennt beispielsweise beim Flash Briefing Skill „Tagesschau in 100 Sekunden", dass die Nachrichten lediglich in nur 100 Sekunden wiedergegeben werden. Wie bereits gesagt, sind viele dieser Audionachrichtensequenzen doch eher kurzgehalten, so auch die von „ZDFheute Express" und „Deutschlandfunk". Während manche Anbieter ihre Audiosequenzen exklusiv für die Amazon Skills ins Leben gerufen haben, bieten andere Anbieter ihre Sequenzen schon etwas länger Online und natürlich kostenlos an. Doch egal, ob mit viel oder wenig Erfahrung, nahezu alle Nachrichtenanbieter der unterschiedlichsten Themen kann man bedenkenlos empfehlen, da sie in ihren Themenbereichen alles gut und informativ aufbereitet haben.

Bei manchen Anbietern der Flash Briefing Skills handelt es sich jedoch nicht um extra für die Amazon Skills produzierte Audiosequenzen, sondern lediglich um sogenannte RSS-Inhalte. Dabei handelt es sich um Informationen, welche von einer Website in Form einer Audiosequenz über die Sprachausgabe von Alexa ausgegeben werden. Auch hierbei geht es wieder nur um die Übermittlung möglichst kurzer und prägnanter Informationen zu einem Thema oder einem ganzen Themenbereich. Jedoch sind diese Inhalte leider nicht extra für Alexa aufbereitet und es kann daher ab und an Mal zu kleineren Fehlern kommen. Allerdings gibt es doch mittlerweile eine wirklich große Auswahl an Flash Briefing Skills für Amazon Alexa, um in kürzester Zeit auf den neusten Stand in den unterschiedlichsten Themenfeldern zu kommen.

Auch zur Smart Home Steuerung gibt es zahlreiche verschiedene Skills der unterschiedlichen Anbieter und Hersteller von Smart Home Produkten.

Wohl am bekanntesten ist Philips mit seinen smarten Lampen, welche unter Philips Hue zu doch relativ hohen Preisen verkauft werden. Da Philips Hue quasi seit Einführung der Alexa Skills vertreten ist, ist dieser Skill auch sehr ausgereift und umfangreich in seinen Funktionen. Die Hauptfunktionen des Skills, unter welchem alle anderen Funktionen stehen, ist die Lichtsteuerung per Sprache, also eine Art Lichtsprachsteuerung über Alexa bzw. den Amazon Echo Spot in unserem Fall.

Natürlich gibt es für die Nutzung der jeweiligen Smart Home Skills, wie der Skill von Philips Hue, neben dem Besitz sowie der Nutzung eines Amazon Echo Geräts mit Alexa auch der Besitz sowie die Nutzung eines Smart Home Produktes des jeweiligen Herstellers bzw. Anbieters. Also muss man zur Nutzung des Philips Hue Skills auch mindestens eine Philips Hue Lampe in seiner Wohnung installiert haben. Zwar sind die Philips Hue Produkte sowie auch der passende Alexa Skill von hoher Qualität sowie Funktionalität, dafür jedoch auch relativ teuer. Das Gute ist allerdings, dass es mittlerweile viele Hersteller und Anbieter von Smart Home Produkten aller Art und eben auch von smarten Lampen wie denen von Philips Hue gibt, welche man für deutlich weniger Geld erwerben kann. Diese bieten zwar nicht immer eine vergleichbare Qualität oder einen vergleichbaren Funktionsumfang, können jedoch über den geringen Preis und die Grundfunktionen in Smart Home Bereich punkten. Als Beispiel kann man nennen, dass Philips Hue Lampen in unglaublich viele unterschiedliche Farben leuchten können, wohingegen viele günstigere Versionen von smarten Lampen lediglich weißes Licht haben. Trotzdem kann man beide sowohl über das Smartphone, als auch über den Amazon Echo Spot bzw. Alexa steuern.

Doch zurück zu Philips Hue; denn die Kombination aus Alexa und Philips Hue ist wirklich stark. So kann man in der Alexa App für Smartphones und Tablets sehr viele Einstellungen in den verschiedensten Bereichen treffen, um die Nutzung der smarten Lampen zu optimieren. Man kann die Lampen in Gruppen bzw. Räume und Szenen einordnen. Dies dient dazu, dass man das Licht im Haus oder der Wohnung deutlich leichter und bequemer steuern kann. Dadurch reicht ein einziger Sprachbefehl aus, um beispielsweise drei Lampen zeitgleich zusammen einzuschalten oder auszuschalten. Sagt man dann also „Alexa, schalte die Lampen in der ‚Küche' ein", so wird Alexa dies ausführen, wenn es sich dabei wirklich um drei smarte Lampen handelt, welche alle der Gruppe bzw. dem Raum „Küche" zugeordnet worden sind, bevor der Sprachbefehl genutzt wurde.

Allerdings gibt es auch außer dem Alexa Skill von und für Philips Hue noch sehr viele weitere Smart Home Skills, die man am Amazon Echo Spot nutzen kann. Auch diese können den Alltag deutlich erleichtern, da man nicht nur einzelne Smart Home Geräte per Sprache zentral steuern kann, sondern diese genauso wie auch die smarten Lampen in Gruppen einteilen kann, wodurch man ganze Räume kontrollieren und steuern kann. Dadurch spart man sich sehr viel Zeit und hat zudem sehr interessante und teilweise auch recht hilfreiche neue Funktionen in den eigenen vier Wänden.

Einige dieser Skills ermöglichen nicht nur die Sprachsteuerung bzw. Smart Home Steuerung einzelner bzw. spezifischer Bereiche und Produkte oder Geräte, sondern lassen es sogar zu, dass man mehrere Dinge auf einmal, mithilfe nur eines einzigen

Skills, steuern kann. So kann man beispielsweise das Internet und die Musik, aber auch das Licht und die Heizung steuern. Dazu benötigt man jedoch sehr oft auch alle verschiedene Smart Home Geräte von ausschließlich einem Hersteller oder Anbieter, um wirklich den gesamten Funktionsumfang dieser umfassenderen Skills nutzen zu können. Diese Produkte können dann eine Verbindung über WLAN herstellen und werden dann durch Amazons Alexa, besser gesagt durch den Nutzer über Alexa gesteuert. Zudem wird meistens auch ein Benutzerkonto bei dem speziellen Smart Home Anbieter, auf wessen Produkte und Skills man zurückgreift, benötigt, um die Bedienung überhaupt erst zu ermöglichen. Als Beispiele für Smart Home Skills, die solche Funktionen anbieten, ist der Telekom Magenta Smart Home Skill sowie der Innogy Skill oder der HomeMatic IP Skill zu nennen.

Wo und wie kann man die Skills für Amazons Alexa aktivieren?

Amazon Alexa Skills kann man für den Amazon Echo Spot nicht direkt am Gerät herunterladen oder aktivieren, sondern nur über die kostenlose Alexa App, welche es sowohl für Smartphones, als auch für Tablets für Android im Google Play Store und für iOS im Apple App Store gibt. Die Skills sind ein großer und wichtiger Kernbestandteil der Alexa App, welche jedoch noch weitere interessante Funktionen bietet und welche in einem der folgenden Kapitel noch genauer erklärt wird. Doch auch über den Browser, eines Computers oder Laptops, kann man die Alexa Skills recht einfach aktivieren.

Auch hier kommt wieder das eingangs erläuterte Prinzip des Streamings zum Einsatz, denn die Alexa Skills werden eigentlich gar nicht auf dem Amazon Echo Spot heruntergeladen oder darauf geladen, sondern werden in der Cloud aktiviert. Bei jeder Anfrage an die Sprachassistentin prüft Alexa also die Cloud und erkennt dann direkt die aktivierten Skills und verfügt daher sofort über deren Funktionen und Informationen, welche anschließend per Streaming aus der Cloud auf den smarten Wecker kommen und letztendlich über den Lautsprecher ausgegeben werden. Um die Skills über die App oder den Browser auf der Website bzw. im Alexa Skill Store von Amazon zu aktivieren, muss man darauf achten, dass man überall ein und dasselbe Amazon Konto verwendet, also sowohl auf dem smarten Wecker, als auch in der App und im Browser bei Amazon.

Jedoch kann man in gewisser Weise die Skills auch über die Echo Geräte selber aktivieren. Dies ist mithilfe eines Sprachbefehls möglich; „*Alexa, Skill [Name] aktivieren*". Allerdings ist dies wirklich nur möglich, wenn man auch den exakten Namen des Skills kennt. Ist dies nicht der Fall, so empfiehlt sich natürlich die

Aktivierung oder die Suche nach hilfreichen Skills über den Browser oder über die Smartphone und Tablet App.

Nun soll es aber mal etwas präziser werden; denn um einen Skill über die letzten beiden genannten Möglichkeiten, also über die Alexa App und über den Browser zu aktivieren muss man die App starten und unter dem Menü die Einstellungen auswählen. Zum Alexa Skill Store im Internetbrowser am Computer oder am Laptop gelangt man über folgenden Link: *https://www.amazon.de/skills*

Nun kann man sich nach interessanten Skills umschauen und sich entscheiden, welche der vielen zur Verfügung stehenden Skills einem ab sofort im Alltag helfen oder unterhalten soll. Dabei hilft die Suchleiste oder auch die Einteilung der Alexa Skills in zahlreiche Kategorien. Mittlerweile gibt es im Amazon Skill Shop mehr als 20 unterschiedliche Kategorien, welche einem besseren Überblick sowie einer leichteren Suche dienen. Doch auch in einigen Werbefenstern des Skill Stores kann man ab und an den ein oder anderen interessanten Alexa Skill entdecken.

Amazon selber ordnet die Skills bereits nach Nutzerinteresse bzw. Aktivierungszahlen und Beliebtheitswerte sowie Sterne-Bewertungen. Hat man sich dann für einen oder natürlich auch mehrere Skills entschieden, so muss man einen Skill auswählen und erhält noch genauere und spezifischere Informationen, wie Skill Details und eine Beschreibung, aber auch die Nutzerbewertungen in Sternen mit Texten bzw. Begründungen. Danach klickt oder tippt man auf *„Skill aktivieren"*, um den Skill dann am Amazon Echo Spot direkt nutzen zu können.

Beachten sollte man beim Aktivieren der Alexa Skills, dass man bei manchen Skills ein Konto oder auch ein Abonnement beim Herausgeber oder Anbieter des jeweiligen Skills benötigt. Manchmal muss man diese daher neu erstellen oder einfach bestehende Konten verknüpfen.

Hat man dann einen Alexa Skill erfolgreich aktiviert, so sagt man zu Alexa auf dem Amazon Echo Spot *„Alexa, öffne [Name des Skills]"*, um den Skill zu öffnen und dann verwenden zu können.

Außerdem gibt bei manchen Skills noch wichtige Hinweise oder weitere Anweisungen, welche ganz wichtig für die Verwendung des jeweiligen Skills sind. Diese Informationen kann man in der Alexa App unter der Detailseite finden. Darunter findet man hilfreiche oder notwendige Sprachbefehle, um den Skill richtig und komplett nutzen zu können. Doch auch über einen Sprachbefehl kann man weitere Informationen erhalten. Dazu sagt man einfach zu seiner smarten Sprachassistentin *„Alexa, Hilfe zu [Name des Skills]"* und Alexa wird einem einige Informationen über den Lautsprecher preisgeben.

Des Weiteren ist auch eine Art der Verwaltung der Skills in der Alexa Smartphone und Tablet App möglich. Dazu geht man unter dem Menü zu den Skills und wählt anschließend „Meine Skills" aus, was man oben am Rand des Displays finden kann. Hier ist jedoch eben nicht nur die Verwaltung möglich, sondern unter diesem Menüpunkt kann man auch die bereits erwähnten genaueren Informationen zu bestimmten Skills finden. Um diese zu erhalten, tippt man auf den ausgesuchten Skill. Zudem kann man hier aber auch einige bestimmte Aktionen sowie Einstellungsmöglichkeiten verwalten und ausführen.

Angefangen mit dem „Skill deaktivieren"; welches wie der Name schon sagt, ermöglicht einen Skill, welchen man eventuell nicht mehr nutzen möchte oder noch nie wirklich genutzt oder gebraucht hat, zu deaktivieren bzw. aus den eigene Skills zu entfernen. Alternativ kann man auch mit dem folgenden Sprachbefehl einen Skill deaktivieren; *„Alexa, Skill [Name des Skills] deaktivieren"*.

Auch das Bewerten von Skills ist eine Leichtigkeit in der Alexa App und hilft anderen Nutzern dabei sich für oder gegen einen der vielen Skills zu entscheiden. Denn wie bereits erwähnt, spielen die Sterne-Bewertungen sowie die Rezensionen mit ihren Texten definitiv eine Rolle bei der Auswahl der richtigen Skills, aber auch bei der Sortierung und Rangfolge der Skills im Amazon Skill Shop. Um eine Kundenrezension zu schreiben, muss man leidlich nach unten scrollen und unter „Kundenrezensionen" den Abschnitt „Rezension schreiben" auswählen.

Ähnlich wie nahezu alle Smartphone und Tablet Apps erfordern oder wünschen auch viele Skills bestimmte Zugriffe und Berechtigungen zur besseren Nutzung des Skills. So wollen manche Herausgeber der Skills auf die Adresse oder den Standort des Amazon Echo Spot zugreifen, um personalisierte Ergebnisse in Suchanfragen liefern zu können. Dies sollte auch schon beim Info Skill im Kapitel zuvor klar geworden sein. Normalerweise werden diese Berechtigungen direkt bei der Einrichtung abgefragt oder eingeholt. Jedoch kann man immer in der Alexa App die Berechtigungen erteilen, sollte man dies bei der Einrichtung noch nicht getan haben, aber man kann diese auch immer akzeptieren, sollte man bei der Einrichtung den Zugriff gestattet haben. Dazu wählt man mit einem Klick einfach „Berechtigungen verwalten" und kann dementsprechend diese Einstellungen vornehmen.

Als letztes bleiben nach den Benachrichtigungen übrig, welche entweder aktiviert oder deaktiviert werden können. Denn manche Herausgeber der Skills oder auch die Skills selber mitsamt ihren Funktionen möchten ihre Nutzer gerne über spezielle Ereignisse informieren. In der Alexa App gibt es einen ganz simplen Schieberegler zur Aktivierung und zur Deaktivierung der Benachrichtigungen eines bestimmten Skills. Unter „Ihre Benachrichtigungen für Alexa-Skills verwalten" gibt es auch dazu noch weitere Details und Informationen.

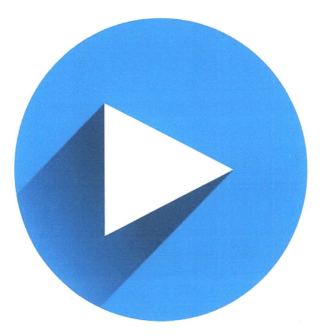

Sowohl die Aktivierungen als auch die Verwaltung von Alexa Skills für den Amazon Echo Spot müssen über die kostenlose Alexa App am Smartphone oder Tablet erledigt werden.

Wie fällt einem die Auswahl von Alexa Skills im Amazon Skills Shop leichter?

Bei der bereits beschriebenen riesigen Auswahl an unterschiedlichen, aber auch teilweise sehr ähnlichen Amazon Alexa Skills kann die Auswahl von ein paar Skills durchaus schwierig werden. Am besten startet man mit dem Info Skill, der bereits vorgestellt wurde und probiert damit einfach Mal einige Sprachbefehle und Abfragen aus. Außerdem empfiehlt sich die Aktivierung von einem oder mehreren Flash Briefing Skills sowie die Zusammenstellung der Präferenzen für die tägliche Zusammenfassung. Ist man bereits im Besitz eines Smart Home Produktes, so bietet es sich natürlich auch an einen passenden Smart Home Skill zu aktivieren, um weitere Funktionen und Möglichkeiten entdecken und nutzen zu können. Man kann dazu einfach im Suchfeld den Namen des Smart Home Produktes oder des Herstellers bzw. Anbieters dieses Produktes eingeben und sollte eigentlich relativ schnell fündig werden. Wenn der Anbieter dann auch einen Alexa Skill bereitstellt, kann man sicher gehen, dass diese Skill auch hilfreich sein wird, da er die Steuerung des vorhandenen Smart Home Produktes definitiv erleichtert und verbessert. Nahezu jeder Hersteller oder Anbieter von Smart Home Produkten stellt auch einen Alexa Skill dafür zur Verfügung, da diese ihre Absatzzahlen deutlich erhöhen und sich viele Menschen lediglich Smart Home Produkte kaufen, für welche es eben auch einen passenden Alexa Skill gibt.

Hat man sich diese drei Möglichkeiten bereits genauer angesehen und schon ausprobiert bleiben aber natürlich noch unfassbar viele weitere Skills übrig, welche alle mit netten, hilfreichen oder interessanten Funktionen werben. Wie gut diese letztendlich wirklich sind, können die Kundenbewertungen schon etwas konkretisieren. Diese ähneln nicht nur den Sterne-Bewertungen mit Rezensions-Texten von Amazons Webshop, sondern sind quasi vollkommen gleich. Denn auch im Alexa Skill Store können Kunden die Produkte mit ein bis fünf Sternen bewerten und einen öffentlich zugänglichen Text dazu schreiben, der meistens Begründungen für die jeweilige Sterne-Bewertung enthält und Pro- Argumente sowie auch Contra-Argumente enthält. Bei dem Produkt handelt es sich jedoch im Skill Store nicht um irgendein Gerät, ein Buch oder sonst ein greifbares Produkt, sondern eben um einen Amazon Alexa Skill, den man dann über die Sprachassistentin auf dem Amazon Echo Spot nutzen kann. Zu beachten ist jedoch, dass es immer Mal wieder Bewertungen gibt, in welchen Nutzer nicht wirklich die Wahrheit schreiben, sowohl in positive, als auch in negative Richtung, weshalb man diese Bewertungen immer mit Vorsicht genießen sollte. Umso mehr Bewertungen ein Skill hat, umso mehr Vertrauen kann man dann auch haben, dass die Sterne-Bewertungen tatsächlich der Realität entsprechen und fair vergeben wurden.

Doch man erkennt anhand der Kundenbewertungen definitiv schon einmal, ob ein Skill es wert ist getestet oder genutzt zu werden oder ob man ihn sich gar nicht weiter anschauen muss. Der großen Anzahl an Skills, welche auch durch die vielen Nutzer der Alexa Skills selbst erstellt werden, ist es zu schulden, dass auch viele unnötige oder wirklich schlechte Skills im Alexa Skill Shop zur freien Verfügung stehen. Bei manchen Skills geht es sogar soweit, dass deren Funktionen bestimmte Prozesse nicht erleichtern, sondern sogar erschweren, wenn man sie mit andere Möglichkeiten vergleicht. Daher gilt es, sich die Skills stets genau anzuschauen und diese auch auszuprobieren. Findet man dabei irgendetwas, was einem nicht wirklich zusagt, so sollte man sich nach einem anderen vergleichbaren, aber besseren und passenderem Alexa Skill umschauen. Denn es gibt so viele vergleichbare Skills mit ähnlichem Funktionsumfang, welche sich trotzdem in manchen Feinheiten unterscheiden und damit am Ende den Unterschied ausmachen. Bei manchen Skills braucht man sich überhaupt nicht nach einer Alternative umsehen, da sie Funktionen bieten, über welche Alexa auch ohne einen entsprechenden Skill verfügt. Viele solcher Skills sind bereits sehr schlecht bewertet und werden daher auch nur noch ganz selten Mal aktiviert und ausprobiert. Wiederum andere Skills haben Fehler in ihren Funktionen oder Ergebnissen oder verarbeiten ganz einfach die Spracheingaben nicht richtig, weshalb die angepriesenen Funktionen nicht ausgeführt werden können.

Manche dieser Skills sind aber auch aufgrund der großen Anzahl an Skill gar nicht oder nur sehr wenig bewertet, daher kann man als Nutzer gerne dazu beitragen, dass es mehr Bewertungen für die Skills im Alexa Skill Shop gibt, um auch anderen Nutzern zu helfen.

Man muss sich also teilweise schon etwas Zeit nehmen, um zwischen einigen schlechten oder unnötigen Skills richtig gute und hilfreiche Skills zu finden, wenn man nicht auf die Bewertungen der anderen Nutzer achtet. Da es diese aber gibt, kann man sehr gut und schnell erkennen, welche Skills man für seinen Amazon Echo Spot und seine Alexa aktivieren sollte. Die Sterne-Bewertungen im Amazon Alexa Skill Shop sowie die Anzahl dieser Bewertungen sagt nämlich wirklich schon extrem viel über die Beliebtheit und Funktionalität sowie die Brauchbarkeit eines Alexa Skills aus und man kann sich in den meisten Fällen darauf verlassen. Daher muss man diese auch nutzen, um sich die besten und für sich hilfreichsten Skills herauszufiltern. Denn es gibt definitiv auch sehr viele super gute Alexa Skills, welche tatsächlich im Alltag helfen.

Neben einige gängigen Indikatoren für die Bewertung von Alexa Skills sollte man auch immer überlegen, wie sinnvoll oder hilfreich ein Skill für einen persönlich erscheint.

Wie entwickelt man eigene Alexa Skills?

Für die Entwicklung oder besser gesagt für die Erstellung von Alexa Skills stellt Amazon extra ein Programm für die Nutzer und Entwickler kostenlos zur Verfügung. Dieses nennt sich Amazon Developer Programm und macht es auch unerfahrenen Entwicklern von Skills relativ einfach, einen eigenen Alexa Skill zu erstellen und danach auch zu veröffentlichen, nachdem dieser kurz überprüft wurde. Um dies zu tun, muss man sich einen neuen Account bzw. ein neues Benutzerkonto als Amazon Developer zulegen. Dadurch erhält man Zugriff auf die Amazon Developer Konsole und kann damit dann eigene Alexa Skills entwickeln, indem man die Alexa Skill Entwicklung der Developer Konsole nutzt.

Amazon bietet zwei verschiedene Möglichkeiten für Entwickler von Alexa Skills an, je nachdem, welche Art von Skill man entwickeln will. Die erste Möglichkeit ist, dass man mit dem sogenannten Alexa Skill Kit einen komplett eigenen und am besten neuen oder einzigartigen Skill für die Sprachassistentin entwickelt. Dazu gibt es das bereits zur Verfügung stehende Skill Kit, welches sich recht gut und einfach bedienen und nutzen lässt, auch wenn man kaum oder keine Erfahrung in diesem Bereich hat. Die zweite Variante der Entwicklung von Skills basiert auf dem Alexa Voice Service, der es quasi möglich macht, die Fähigkeiten und Möglichkeiten von Amazons Alexa in ein anderes Gerät zu implementieren, also einzufügen oder sie diesem Gerät auch zu verleihen. Man kann also Alexa in andere Geräte einfügen und damit die unterschiedlichsten Geräte verbinden und somit ein umfassendes Smart Home kreieren.

Beginnen tut man bei der Erstellung eines normalen Alexa Skills, indem man allgemeine Informationen angibt, welche den Skill sowie teilweise auch seine Fähigkeiten betreffen. Diese werden ganz einfach über das Webinterface gemacht, denn das Amazon Developer Programm läuft natürlich nicht über ein Echo Gerät, wie den Amazon Echo Spot, sondern über ist eine Art Online-Programm, welches man im Webbrowser nutzen kann. Angegeben werden müssen neben dem Typ des Skills auch die Sprache, in welcher der Skill genutzt werden kann und welche er auch aufnehmen und ausgeben soll. Des Weiteren gibt man selbstverständlich auch einen selbstgewählten Namen für den Alexa Skill an, unter welchem man den selbst entwickelten Skill dann später auch im Alexa Skill Store finden wird, sobald der Skill veröffentlicht wurde. Eine weitere wichtige Angabe ist die des Invocation Name, über welchen man als Nutzer den Skill dann später mithilfe der Spracheingabe über Alexa aktivieren und starten kann.

Weiter geht es mit dem Skill Schema, welches grundlegend den passenden Sprachbefehl festlegt. Wie bereits erklärt, gibt es meist mehrere Variationen, um einen Skill zu starten oder daraus gewisse Informationen oder Aktionen zu bekommen. Diese kann man hier festlegen, damit man als Nutzer den Skill schnell und einfach nutzen kann. So kann der Nutzer auch manche Teile des Sprachbefehls für den Skill abändern und wird trotzdem eine entsprechende Reaktion des Skills erwarten können. Damit der zukünftige Nutzer dies machen kann, muss man beim Schema des Alexa Skills sich auch etwas Zeit zum Überlegen lassen, damit möglichst gute Sprachbefehle bzw. Sätze gefunden und eingegeben werden können.

Bei der späteren Kommunikation zwischen dem Nutzer eines Echo Gerätes oder eben einfach von Alexa und der Sprachassistentin selbst, muss man zwischen zwei verschiedenen Modellen unterscheiden, welche man nicht verwechseln darf, damit man auch den Skill entwickelt, den man sich vorstellt.

Zum einen gibt es das sogenannte „One-Shot-Modell", welches das einfachere, aber auch das mit deutlich weniger Funktionen und Möglichkeiten ist. Denn diese Art eines Skills wird lediglich mit einem einzigen Sprachbefehl gestartet und ist damit quasi auch schon wieder beendet. Sagt man also „Alexa, wie viel Uhr ist es?" kann man eine entsprechende Antwort der Sprachassistentin erwarten, in welcher man die aktuelle Uhrzeit mitgeteilt bekommt – mehr jedoch nicht. Es schließen sich auch keine direkten Fragen oder weitere Anweisungen an, genauso wie auch keine Präzisierungen oder Gegenfragen möglich sind. Nach einem Sprachbefehl und einer Antwort von Alexa ist also ein Skill nach dem „One-Shot-Modell" beendet und man kann aufhören mit Alexa zu kommunizieren oder nach einer anderen Antwort oder einen anderen Skill fragen.

Ganz anders dagegen ist es beim sogenannten „Dialog-Modell" eines Alexa Skills. Denn hier ist nach einem einzigen Sprachbefehl oder einer einzigen Aufforderung des Nutzers sowie einer einzigen Antwort von Alexa nicht Schluss, sondern es geht weiter mit Gegenfragen oder Präzisierungen sowie Weiterführungen. Am Beispiel der Grundfunktionen des Amazon Echo Spot, der bekanntlich ein smarter Wecker ist, ist dies sehr gut möglich. Denn wenn man nur sagt „Alexa, Stelle den Wecker" wird Alexa dies nicht einfach tun, da ihr ja noch wichtige Informationen wie der Tag sowie die Uhrzeit fehlen. Da Alexa diese irgendwie herauskriegen muss, wird sie nochmals nachfragen, um die fehlenden Informationen zu bekommen und den Wecker richtig zu stellen. Alexa wird also Nachfragen stellen, bis sie alle Informationen hat, die sie braucht. Das Gute daran ist, dass bei Nachfragen nicht nochmals oder nicht immer wieder „Alexa" gesagt werden muss, sondern sich auch die Mikrofone direkt, nachdem Alexa die Nachfrage gestellt hat, wieder angeschaltet sind und zuhören, um weitere Informationen zu erhalten.

All diese Information sollte man sich schon einmal im Hinterkopf behalten, wenn man einen eigenen Alexa Skill entwickeln oder erstellen will. Natürlich war dies nur ein kurzer Überblick über die Entwicklung eines Skills, soll aber nicht wirklich eine detaillierte Anleitung zur Entwicklung eines Skills sein, da diese den Rahmen eines allgemeinen Ratgebers zu Alexa und vor allem zum Amazon Echo Spot. Wenn man jedoch ernsthaft in Erwägung zieht, einen eigenen Alexa Skill zu entwickeln, so kann man im Internet, vor allem auf unterschiedlichen Blogs und in verschiedenen Berichten, genaue Anleitungen zur Entwicklung von Skills finden. Auch YouTube Videos findet man auf der Video-Plattform, die den ganzen Prozess nochmal visualisieren können.

Zwar ist die Entwicklung oder Erstellung von eigene Alexa Skills relativ aufwendig, jedoch nicht sonderlich schwer.

Was bietet das sogenannte „IFTTT" den Nutzern des Amazon Echo Spot?

IFTTT steht für „IF This Then That", also „Wenn dies, dann das" und ermöglicht das Erstellen von Verknüpfungen zwischen verschiedenen Geräten und Plattformen in Kombination mit dem Erstellen von ganz eigenen Sprachbefehlen und Funktionen. Es handelt sich um eine Art Plattform, die extra für dies geschaffen ist. Möglich ist es sowohl auf der eigenen Internetwebseite; _https://ifttt.com/_, aber natürlich auch in einer Smartphone und Tablet App, welche sowohl für Android, als auch für iOS kostenlos und frei verfügbar ist. Letztere empfiehlt sich in jedem Fall, da die App sehr übersichtlich, aber auch stylisch und praktisch gehalten ist. So lassen sich durchaus sehr einfach am Smartphone eigene Amazon Alexa Sprachbefehle und irgendwo auch neue und vor allem eigene Skills entwerfen und nutzen. Das Ganze ist nochmals deutlich einfacher, als es bei Amazon selber der Fall ist, wo man richtige eigene Alexa Skills entwickeln und veröffentlichen kann. IFTTT bietet aber definitiv die einfachere und unkompliziertere Möglichkeit, eben direkt am Smartphone.

Allerdings ermöglicht IFTTT deutlich mehr, als nur die Erstellung von Sprachbefehlen, denn es können mithilfe der Software komplette Funktionen hinzugefügt werden. Vor allem im Smart Home Bereich gibt es kaum Grenzen. Denn für jegliche Produkte kann man ganz eigene Sprachbefehle und Aktionen erstellen und hinzufügen. Im Alltag können einem diese personalisierten Funktionen meist nochmals deutlich mehr weiterhelfen, als die standesgemäßen Alexa Skills, die sich ohnehin jeder im Alexa Skill Shop aktivieren kann. Man mag teilweise gar nicht glauben, wie viele hilfreiche und teilweise notwendige Sprachbefehle man noch alles so hinzufügen kann. Denn manche Nutzer sind kreativer in ihrer Ideenfindung, als so mancher Mitarbeiter bei Amazon, wie es einem vielleicht beim Durchstöbern der veröffentlichten Sprachbefehle und Möglichkeiten erscheinen mag.

Das ist eben auch das tolle an IFTTT; man muss nicht selber großartig tätig werden oder sehr kreativ sein, um wirklich einen eigenen und ganz persönlichen Sprachbefehl für die Sprachassistentin Alexa zu entwerfen. Man kann ganz einfach auf eine riesige Datenbank von bereits erstellen und teilweise unglaublich hilfreichen Sprachbefehlen anderer Nutzer zurückgreifen. Diese kann man komplett kostenlos und ohne weiteren Aufwand schnell aktivieren und sofort nutzen.

Lediglich einen Account, also ein Benutzerkonto muss man sich bei IFTTT erstellen. Dank der Interaktion mit Google und Facebook können Nutzer, welche hier schon aktiv sind, ihr Konto mit nur einem Klick erstellen. Außerdem muss man das IFTTT Konto natürlich auch mit Amazon Konto verbinden. Dadurch findet und erkennt IFTTT selber auch das verbundene bzw. das verwendete Amazon Alexa Gerät, auf welchem dann die neuen Sprachbefehle und Möglichkeiten genutzt werden sollen.

Sind diese Schritte geschehen, kann man eigentlich auch direkt schon loslegen und alle Vorzüge der Plattform nutzen. Dazu muss der Amazon Echo Spot bereits eingerichtet und gestartet sein. Öffnet man dann die App oder optional auch die Webseite, fällt einem schnell auf, dass diese bisher ausschließlich in Englisch sind. Dies stellt jedoch dank vieler Symbole und der leichten Sprache kein Problem, auch für Nutzer mit einem begrenzten englischen Wortschatz, dar.

Direkt am Anfang werden einem die sogenannten Applets vor die Nase kommen. Diese bringen teilweise ganz verschiedene Dinge zusammen. Sie ermöglichen die Verknüpfung zwischen unterschiedlichen Möglichkeiten, Plattformen und Produkten mit dem Amazon Echo Gerät daheim. Um diese Applets geht es in der IFTTT App auch primär, denn sie sind es, die man als Nutzer erstellt und mit Funktionen versieht sowie dann auch aktivieren kann, um seinen smarten Wecker besser zu nutzen.

Auf der modern gestalteten Startseite der App, aber auch der Webseite, bekommt man als Nutzer sofort einen kleinen Einblick in die Vielfältigkeit und die großen Möglichkeiten von Applets sowie IFTTT selber. Hier sieht man bereits erstellte Applets, die sich andere Nutzer einfallen lassen haben und die teilweise auch schon eine große Zahl an Nutzern aktiviert hat. Allerdings fällt dabei auch auf, dass diese nicht immer nur mit Amazon Echo Produkten funktionieren. Denn auch mit anderen smarten Assistenten oder smarten Produkten interagieren und funktionieren diese Applets. Grundlegend werden meistens bereits bestehende Dinge miteinander verknüpft, sodass auch auf altbekannte Dinge, wie E-Mail, SMS, GPS oder Erinnerungen zurückgegriffen wird. Erkennen kann man dies sofort am unteren Ende des jeweiligen Applets, wenn man es noch nicht aus dem kurzen Beschreibungstext darüber herauslesen konnte, am Schriftzug „works with", was soviel bedeutet, wie „arbeitet mit". Dahinter befinden sich kleine Symbole, welche einem meistens schon bekannt vorkommen. So kennt jeder den Brief, der für E-Mails steht, die Glocke, die für Benachrichtigungen steht oder den kleinen Vogel, der für Twitter steht.

Links neben diesen Symbolen, also auch am unteren Ende der Applets kann man neben einem Porträt-Symbol die Anzahl an bisherigen Aktivierungen durch andere Nutzer sehen.

Darüber befindet sich eine kurze Beschreibung der Funktionsweise des jeweiligen Applets sowie ein größeres Symbol, was genau dieses Applet nun betrifft.

All diese Informationen befinden sich bereits auf der Startseite unter „Discover", also „Entdecke". Des Weiteren gibt es hier noch Kategorien für die verschiedenen Applets und unter der Lupe versteckt sich „Search", also „Suche". Hier kann man bestimmte Plattformen oder Dienste sowie spezifische Stichworte eingeben, die dann zur Suche von bestehenden Applets genutzt wird.

Auf der zweiten Seite, welche den Titel „Activity", also „Aktivität", trägt, werden die eigenen Aktivitäten mit der IFTTT App in einer Art Zeitleiste angezeigt. Hier sieht man wichtige Benachrichtigungen, Fehler von genutzten Applets oder eben die besagte Zeitleiste der Nutzung.

Für viele Nutzer ist jedoch die letzte Seite am interessantesten, da man unter „My Applets", also „Meine Applets", findet man nicht nur die bereits aktivierten oder genutzten Applets aus der IFTTT Datenbank, sondern kann mit einem Klick auf das Plus-Zeichen auch eigene Applets erstellen und danach nutzen.

IFTTT ist wie bereits mehrfach gesagt, einfach zu nutzen, was man auch am Erstellen der eigenen Applets merkt. Denn hier wird man mithilfe eines kleinen Tutorials, also einer Art Anleitung, durch die Erstellung geführt. Auch hier ist wieder alles sehr nett mit kleinen Symbolen und vielen Farben untermalt, was es auch Neulingen sehr einfach macht sich zurechtzufinden. Genauso sollte es auch keine Probleme mit der englischen Sprache geben, da wie zuvor alles sehr kurz und einfach gehalten ist.

Zunächst wählt man unter dem blau gekennzeichneten „this" einen „Trigger", also einen „Auslöser" aus. Dazu wählt man sich einen der Dienste oder Plattformen aus der großen Liste aus.

Danach sieht man einige Optionen, die wieder in vertikal in einer Liste aufgelistet sind und unter denen man sich eine auswählen muss. Hier wählt man also aus, was eintreten muss, damit etwas anderes passiert. Wählt man hier also die Uhr aus und sagt, dass diese täglich um 7:00 Uhr aktiv sein soll, muss man nun nur noch unter „that" auswählen, was täglich um 7:00 Uhr passieren soll.

Dazu wählt man unter dem nun blau gekennzeichneten „that" wieder einen Dienst oder eine Plattform aus. Wählt man hier nun das Vogel-Symbol, also Twitter aus und verbindet seinen Twitter Account mit der IFTTT App, kann man jeden morgen um 7:00 Uhr ganz automatisch einen vorgeschriebenen Tweet in die Welt senden.

Bei diesem freigewählten Beispiel handelt es sich natürlich um die aller einfachste Form eines eigenen Applets in der IFTTT App. Denn hier lassen sich noch deutlich komplexere und vor allem deutlich sinnvollere Möglichkeiten erstellen. Dieses kleine Beispiel sollte nur zum einfachen Verständnis der Funktionsweise von Applets und der Einfachheit der Erstellung von eigenen Applets mithilfe der Plattform IFTTT dienen.

Damit sollte nun jedem grundlegend klar sein, wie IFTTT funktioniert und welche unfassbar vielfältigen sowie großartigen Möglichkeiten die kostenlose Plattform bietet. Im Grunde ist diese Plattform für jeden Nutzer von smarten Geräten und Technologien ein Muss, wenn man nicht nur auf die standesgemäßen Funktionen zurückgreifen möchte. Denn mit IFTTT lassen sich nicht nur nette Spielereien anstellen, sondern der Alltag lässt sich mit einigen Applets wirklich deutlich einfacherer und smarter gestalten.

IFTTT bietet nicht nur die Möglichkeit der einfach und schnellen Erstellung von eigenen Alexa Skills, sondern ist ebenso eine Datenbank von vielen tausend weitere Alexa Skills, die andere Nutzer erstellt haben.

Welche Möglichkeiten hat man mit der Alexa App auf dem Smartphone oder dem Tablet?

Einige Vorteile der Alexa App wurden bereits in einigen vorherigen Kapiteln immer mal wieder angesprochen. Daher sollte die Smartphone und Tablet App für Android, iOS und Fire OS bereits bekannt sein, genauso wie einige Möglichkeiten. In diesem Kapitel geht es allerdings darum die unterschiedlichsten Möglichkeiten, welche die Alexa App auf jedem verfügbaren Gerät bietet, einmal zusammenzufassen, aber auch konkret zu benennen.

Im Mittelpunkt einer Smartphone App steht natürlich, dass diese quasi immer und überall verfügbar ist. Man zieht lediglich sein mobiles Telefon aus der Hosentasche oder packt sein Tablet aus dem Rucksack aus und kann von überall mit der Sprachassistentin Alexa sowie seinem Amazon Echo Gerät interagieren, auch wenn sich dieses ganz woanders befindet wie man selbst.

Da sich das Gehirn von Alexa in der Cloud befindet, wie es Amazon selbst sehr nett beschreibt, kann man tatsächlich jederzeit Fragen und Aufgaben an Alexa stellen. Diese werden dann nicht nur mit der Cloud und daher auch mit anderen Geräten synchronisiert, sondern sind eben auch jederzeit verfügbar. So kann man neben dem Abfragen von Nachrichten oder Wetterberichten auch Listen und Wecker von unterwegs stellen und bearbeiten. Zudem kann man natürlich auch seine Lieblingsmusik immer abspielen und genießen. Mithilfe des Streamings kann man über die Alexa App auf allen verfügbaren Amazon Echo Geräten jegliche Musik sowie auch Radiosender und Podcasts abspielen. Auch die bereits vorgestellte Multiroom-Wiedergabe funktioniert vor allem mit der Alexa

App. Denn hierüber kann man Echo Geräte sowie weitere kompatible Ausgabegeräte in bestimmte Gruppen einordnen, um die Steuerung und Audioausgabe zu kontrollieren. Die Multiroom-Wiedergabe nutzt dann Echo Geräte, welche sich im selben WLAN-Netzwerk befinden und kann gleichzeitig auf diesen Geräten Musik abspielen. Gesteuert wird dies dann einfach über die praktische Alexa App am Smartphone.

Des Weiteren dient die Alexa App auch als sehr wichtige Schnittstelle für Smart Home Geräte, die man zusammen mit den Amazon Echo Geräten nutzen kann. Damit bietet die App eine komplett neue Art der Verwendung von Smart Home Geräten. Direkt in der App kann man nämlich jegliche Smart Home Geräte einrichten und einordnen. Dies geht wirklich sehr einfach und ist unter dem Menüpunkt „Smart Home" sehr übersichtlich gehalten. Außerdem kann man auch eine Statusabfrage der verschiedenen Smart Home Geräte durchführen. So kann man beispielsweise nachschauen, ob das Licht zuhause noch angeschaltet ist, ob die Tür verriegelt ist oder ob die Thermostate im Badezimmer schon hochgedreht sind.

Vor allem das Erstellen von Gruppen bzw. Räumen ist eine sehr hilfreiche Funktion, die ausschließlich über die Alexa App gestartet und konfiguriert werden kann. Damit lassen sich zum Beispiel alle Lampen in einem Raum in eine Gruppe hinzufügen, welche dann auch noch benannt werden kann. Dies erleichtert die Sprachsteuerung deutlich, da man dann Sprachbefehle für einen ganzen Raum eingeben kann. Eine der vielen unterschiedlichen Funktionen ist auch die Automatisierung einiger Prozesse. Mit nur einem Befehl kann man dadurch mehr als nur eine Aktion ausführen bzw. ausführen lassen. Beispielsweise kann man direkt, nachdem Klingeln des smarten Weckers eine Übersicht bzw. Zusammenfassung für den Tag anhören, die Heizung im Bad aufdrehen, die Rollladen öffnen, das Licht einschalten und sogar die Kaffeemaschine mithilfe eines smarten Steckers einschalten.

Auch Anrufe lassen sich bequem und schnell über die Alexa App machen. Hierzu gab es bereits ein eigenes Kapitel, welches sich wirklich ausschließlich damit beschäftigt. Daher nur nochmal die Hauptfunktionen in diesem Bereich zusammengefasst. Neben normalen Anrufen unterstützt die Alexa App auch die Video-Telefonie sowie das Schreiben und diktieren von Nachrichten in der Smartphone und Tablet App. Vor allem unterwegs eignet sich die Anwendung perfekt, um die Familie oder auch Freunde, welche sich zuhause befinden, auf ihrem Amazon Echo Gerät zu kontaktieren oder zu benachrichtigen. Zusätzlich dazu gibt es auch noch die Möglichkeit des Drop In, vorausgesetzt man aktiviert es. Denn damit kann man innerhalb weniger Sekunden, also quasi sofort, eine Verbindung zwischen der Alexa App auf dem Smartphone und einem Amazon Echo Gerät zuhause herstellen, um schnell Kontakt aufzubauen und Informationen zu vermitteln oder einfach nach jemandem über einen Videoanruf zu sehen.

Zusammenfassend kann man sagen, dass die Alexa App eine Art Steuer-, Bedien- und Verwaltungselement für jegliche Amazon Echo Geräte sowie deren Funktionen ist. Man kann nicht nur schnell und jederzeit auf Alexa und deren Möglichkeiten zugreifen, sondern auch zahlreiche Einstellungen und Konfigurationsmöglichkeiten treffen, um das Maximum aus seinen Amazon Echo Geräten, wie dem Amazon Echo Spot, herauszuholen. Daher empfiehlt es sich auch die Alexa App von Anfang an, am besten wie bei der Einrichtung empfohlen, direkt und kostenlos zu downloaden. Denn die durch die einfache Anleitung, welche man mit dem ersten Start der App erhält, wird man sofort gut an die ganzen Funktionen herangeführt und lernt Tag für Tag mehr und mehr Möglichkeiten, welche dem Nutzer geboten werden, kennen und schätzen.

Die Alexa App für Smartphones und Tablets ist eine hilfreiche und vor allem notenwendige Ergänzung zum Amazon Echo Spot sowie der Sprachassistentin Alexa.

Welche Einstellungsmöglichkeiten kann man als Nutzer des smarten Weckers treffen?

Wischt man auf dem Startbildschirm bzw. auf dem Ziffernblatt einfach mit dem Finger von oben nach unten über das runde Touch-Display, kann man zu den Einstellungen des Gerätes kommen.

Zunächst einmal, öffnet sich allerdings ein Dropdown-Menü, in welcher man auf einem Haus-Symbol zum Home-Screen zurückkehren, auf einem Mond-Symbol den Nachtmodus aktivieren oder deaktivieren und mit einer Wischbewegung nach rechts oder links die Helligkeit des Bildschirms einstellen kann. Da dies natürlich noch nicht alle Einstellungsmöglichkeiten des smarten Weckers waren, gelangt man auf einem Zahnrad-Symbol in der Dropdown-Liste schnell auch zu einer größeren Liste an weiteren Einstellungen.

Fangen wir direkt einmal mit der bereits thematisierten Bluetooth-Verbindung an. Denn hier sieht, ob man seinen Amazon Echo Spot per drahtloser Verbindung mit weiteren Geräten zur Audioausgabe verbunden hat. Tippt man also auf „Bluetooth", so sieht man entweder eine Übersicht über die verbundenen Geräte oder eben, dass man bisher keine Geräte verbunden hat.

Weiter geht es direkt mit der nächsten drahtlosen Verbindung, welche aber für die Nutzung des smarten Weckers deutlich wichtiger ist, als die eben genannte Bluetooth-Verbindung. Es geht natürlich um die WLAN-Verbindung. Diese kann man unter dem gleichnamigen Einstellungspunkt anschauen oder auch ändern.

Doch schon beim nächsten Aspekt wird es deutlich interessanter, denn unter „Startseite und Uhr" kann man im weiteren Unterpunkt „Design" das Aussehen der Uhr bzw. den Hintergrund oder das Ziffernblatt ändern. Man hat neben einer analogen sowie einer digitalen Anzeige auch die Möglichkeit ein persönliches Foto hinzuzufügen. Wählt man „Analog" oder „Digital" aus, so wird dies angezeigt und mit seitlichem Wischen kann man die Hintergründe erst anschauen und dann mit einem Klick auf das Häkchen ganz einfach ändern.

Da auf der Startseite auch spezifische Karten angezeigt werden gibt es natürlich auch Einstellungen für diese unter dem zweiten Unterpunkt von „Startseite und Uhr".

Zunächst gibt es Rotationseinstellungen. Das bedeutet, wie oft sich die Karten drehen oder besser gesagt ändern sollen. Zur Auswahl steht neben dem einmaligen Drehen auch das kontinuierliche Drehen.

Weiter geht es mit Benachrichtigungen bzw. Warnungen von Alexa Skills und anderen Alexa Diensten, die man entweder einschalten oder ausschalten kann. Sind diese eingeschaltet melden sich ab und an mal verschiedene Skills oder Dienste mit einer Art Push-Benachrichtigung.

Auch Termine aus dem integrierten Kalender können angezeigt oder auch ausgeblendet werden. Da es sich um einen intelligenten Wecker handelt, empfiehlt es sich absolut diese Einstellung aktiviert zu lassen.

Eine weitere Karte kann die verfügbaren Drop In Kontakte auf der Startseite anzeigen und direkt zugreifbar machen. Wenn man also viel telefoniert oder die Drop In Funktion nutzt, empfiehlt sich diese Auswahl natürlich auch.

Des Weiteren zeigt Amazon auch sogenannte „Trending Stories" an. Dabei handelt es sich um speziell ausgewählte Inhalte, wie Nachrichten, Informationen und Videos aller Art.

Der letzte Punkt des Unterpunktes „Einstellungen für Startseitenkarten" betrifft die Erinnerungen. Hier kann man ausstehende Erinnerungen einschalten oder ausschalten, je nachdem ob man diese erhalten möchte oder eben nicht.

Von einem letzten Punkt kommen wir direkt zum nächsten letzten Unterpunkt von „Startseite und Uhr"; dem sogenannten „Nachtmodus". Dieser sollte einigen Nutzern bereits vom Smartphone bekannt sein, doch das man diesen auch noch einstellen kann eher den wenigsten. Zuerst kann man einstellen, ob der Nachtmodus überhaupt verwendet werden soll, also ob das Display des Amazon Echo Spot über Nacht gedimmt werden soll oder nicht. Der zweite und damit auch letzte Einstellungspunkt erlaubt die Erstellung eines Zeitplans. Standesgemäß steht dieser bei „Täglich 22:00 bis 7:00" Uhr, was man jedoch alles selber ändern und auf sich selbst angepasst einstellen kann.

Springen wir aus dem ganzen Unterpunkten nun zum nächsten größeren Einstellungsaspekt in der Liste. Dieser thematisiert den „Bildschirm" des Gerätes sowie dessen Möglichkeiten und vor allem die Anzeige.

Starten tun wir hier mit der Fotodiashow, die auf dem runden Display des Gerätes angezeigt werden kann. Einstellen kann man hier, ob oder wie die Fotos zugeschnitten werden sollen. Zur Auswahl stehen neben „Nicht zuschneiden" und „Alle zuschneiden" auch die hilfreiche Funktion „Intelligent zuschneiden", bei der eine Art Algorithmus, also ein vorprogrammiertes System auswählt, welche Fotos wie zugeschnitten werden sollen.

Außerdem kann man auch die Anzeigedauer unter „Geschwindigkeit" einstellen. Auch hier gibt es wieder drei Auswahlmöglichkeiten. Wählen kann man zwischen „Schnell" mit nur zwei Sekunden pro Bild, „Mittel" mit sechs Sekunden pro Bild und „Langsam" mit ganzen zehn Sekunden pro angezeigtem Bild.

Zurück in den Bildschirm-Einstellungen gibt es neben der Fotodiashow noch die Helligkeit, welche man einstellen kann. Hier findet man den verstellbaren Helligkeits-Schieberegler aus dem Drop-Down-Menü wieder. Man kann also auch hier die Helligkeit genau einstellen, was jedoch nicht das besondere unter den Helligkeits-Einstellungen ist.

Denn deutlich besonderer ist die sogenannte „Adaptive Helligkeit", welche man sowohl einschalten, als auch ausschalten kann. Sie ermöglicht die genaue Anpassung der Helligkeit an die Lichtverhältnisse. Das bedeutet, dass die Bildschirmhelligkeit sich verändert, wenn man eine Lampe in der Nähe des Amazon Echo Spot einschaltet oder man die Rollläden im Zimmer, in dem sich der smarte Wecker befindet, hochzieht.

Natürlich lassen sich auch die Töne des Gerätes einstellen und verändern. Zunächst einmal sieht man zwei Schieberegler, wie sie auch schon von den Helligkeits-Einstellungen bekannt sind. Diese dienen der Einstellung der Lautstärke von Medien sowie Weckern, Timern und Benachrichtigungen des smarten Weckers.

Zum Wecker gibt es direkt im Anschluss eine weitere Einstellungsmöglichkeit. Schaltet man diese ein, so erhöht sich die Wecker-Lautstärke, bis sie die, mit dem Schieberegler, ausgewählte Stufe erreicht hat. Dies ermöglicht einigen Menschen ein angenehmeres Aufwachen bzw. Aufgeweckt-Werden.

Unter „Benutzerdefinierte Töne" werden die unterschiedlichen Töne für den Wecker und die Benachrichtigungen festgelegt und geändert, während man unter „Anfragetöne" lediglich festlegen kann, ob es Töne zum Beginn und oder zum Ende einer Anfrage gibt oder nicht.

Der nächste Einstellungspunkt nennt sich „Bitte nicht stören" und betrifft genau diese Einstellung. Ist sie aktiviert, schaltet sich der Bildschirm aus und man erhält keine Benachrichtigungen mehr. Mit Ausnahme jedoch von Weckern und Timern.

Zudem gibt es auch hier wieder die Möglichkeit eines Zeitplans, der sich außerdem täglich wiederholen kann. Also sind hier zwei Eingabefelder für den Beginn und das Ende der Zeit, in der man nicht gestört werden will. Dies kann beispielsweise während des Mittagessens sein, während dem man die Zeit mit seiner Familie verbringen will und sich von nichts stören lassen möchte.

In den „Geräteoptionen" kann man neben dem Gerätenamen auch den Gerätestandort sowie die Gerätesprache herausfinden und gegebenenfalls ändern. Der Gerätestandort ist definitiv sehr wichtig, da jegliche Inhalte wie das Wetter, die Nachrichten oder die Verkehrsinformationen standortbezogen sind. Daher ist es wichtig die richtige Adresse einzutragen, obwohl Amazon diese nicht überprüft.

Doch auch das Aktivierungswort, das Datum, die Uhrzeit sowie die Einheiten von Temperatur und Entfernung lassen sich einstellen und ebenfalls abändern.

Des Weiteren kann man in den Geräteoptionen auch einige weitere Verbindungen eingehen. So ist es möglich eine Amazon Echo Fernbedienung hinzuzufügen, welche man sich jedoch extra dazukaufen muss, oder ein andres Amazon Alexa Gadget mit dem Amazon Echo Spot zu verbinden.

Ebenso findet man hier auch Informationen zur Gerätesoftware sowie die Möglichkeit diese zu aktualisieren.

Schaltet man in diesem Einstellungspunkt die Kamera aus, so ist diese für jegliche Funktionen blockiert und kann ausschließlich über das Einstellungsmenü wieder aktiviert werden.

Neben der Seriennummer des Amazon Echo Spot findet man auch noch den Aspekt „Auf Werkseinstellungen zurücksetzen". Dieser Punkt ermöglicht natürlich genau das, was sie aussagt. Allerdings sollte man diese Funktion mit Vorsicht nutzen, da damit jegliche Einstellungen auf dem Gerät selber verloren gehen und nicht wiederhergestellt werden können.

Eine weitere Funktion ist das „Zugriff beschränken", welche man im Einstellungsmenü aufrufen kann. Diese ermöglicht jedoch nicht die Zugriffsbeschränkung für bestimmte Personen, sondern nur für bestimmte Fotos. Aktiviert man diese Funktion, wird die Suche nach den sogenannten ‚Prime Photos' gesperrt und es werden diese Fotos werden auch nicht mehr als Startseitenhintergrund verwendet.

Ein sehr hilfreicher und vor allem für Neueinsteiger extremst notwendiger Punkt ist „Zum Ausprobieren". Bei diesem Punkt handelt es sich jedoch nicht um einen Einstellungspunkt als solchen, sondern um eine Art Übersicht mit über einige hilfreiche Sprachbefehle, welche man an Alexa stellen kann. Diese finden sich in einer Liste wieder und können quasi einfach nur abgelesen werden.

Auch bestimmte Einstellungen zur Barrierefreiheit gibt es auf dem Amazon Echo Spot, sowohl was die Visualität, als auch was die Akustik angeht. Da diese Einstellungen meist nur für einen geringen Teil der Nutzer infrage kommen, sollen die verschiedenen Möglichkeiten auch hier nur kurz aufgelistet werden.

Im Bereich der „Visuellen Einstellungen" kann man den VoiceView-Screenreader, den Bildschirmvergrößerer sowie die Farbinvertierung und die Farbkorrektur aktivieren.

Im Bereiche der „Höreinstellungen" dagegen, kann man die Untertitel sowie die Anrufe oder die Nachrichten ohne Spracheingabe einschalten und nutzen.

Das Einstellungsmenü wird mit dem Punkt „Rechtliches und Konformität" sowie dem Amazon Alexa Logo und einem kurzen Infotext, der auch die Amazon Alexa App betrifft, abgeschlossen.

Im Einstellungsmenü des Amazon Echo Spot lassen sich so einige Einstellungen und Personalisierungsmöglichkeiten treffen, welche davon nun aber wirklich notwendig sind, dass sollte jeder größtenteils selbst entscheiden.

Für wen eignet sich der Amazon Echo Spot?

Der Amazon Echo Spot eignet sich vor allem für Menschen, die in die Welt von Amazons Alexa einsteigen wollen und erste Einblicke in die Amazon Echo Familie machen wollen. Trotz, dass es sich eher um eine Art Einsteigermodell handelt, da der Amazon Echo View doch durchaus etwas mehr bietet als der kleine smarte Wecker, erhält man hier ein wirklich gutes Gesamtpaket.

Denn der Mix aus der integrierten Sprachassistentin Alexa, dem stylischen Aussehen sowie dem Touch-Display macht das Gerät sowohl auf der Softwareebene, als auch auf der Hardwareebene zu einem echten Allrounder. Einige mögen bei einem Preis von 130 Euro in Kombination mit Einsteigermodell vielleicht lachen, allerdings hat man softwaretechnisch im Grunde alle Funktionen der gesamten Echo Familie und auch bei der Hardware macht man, mit Ausnahme bei den Lautsprechern, keine nennenswerten Abstriche.

Dadurch, dass das Gerät sowohl ein eingebautes Touch-Display, als auch eine eingebaute Kamera auf der Innenseite besitzt, verfügt der Amazon Echo Spot auch über mehr Funktionen und Möglichkeiten, als das andere Einsteigermodell; der Amazon Echo Dot. Doch auch dem Amazon Echo selber ist er in dieser Hinsicht überlegen. Natürlich meinen einige, dass das natürlich auch so sein muss, da der smarte Wecker nochmals knapp 30 Euro mehr kostet als der Amazon Echo, allerdings hat man mit dem Display sowie der Kamera einen weitaus größeren Vorteil, als er sich mit nur 30 Euro bemessen lässt.

Daher können Einsteiger, die bereit sind 130 Euro für den Einstieg in die Echo Familie mit allen Möglichkeiten zu bezahlen, getrost und ohne Zweifel auf den Amazon Echo Spot zurückgreifen.

Doch auch bereits erfahrene Nutzer der Amazon Echo Geräte werden mit Sicherheit ihren Spaß mit dem Amazon Echo Spot haben, da er wie bereits gesagt über alle Funktionen und die neusten Möglichkeiten verfügt. Das Ganze in Kombination mit einem Display und der Kamera für Videotelefonate ist natürlich absolut super. Einzig Abstriche macht man natürlich bei dem Lautsprecher, der sich nicht eignet, um den ganzen Tag Musik zu hören. Allerdings sind dies die Besitzer des Amazon Echo Dot bereits gewöhnt. Dank modernster Bluetooth-Verbindung oder dem integrierten AUX-Kabelanschluss kann dieses Problem im Handumdrehen gelöst werden. Einfach einen externen Lautsprecher, also eine Musikbox oder eine Musikanlage, mit dem Echo Gerät verbinden und jegliche Audiosequenzen darüber ausgeben lassen.

Aus diesem Grund eignet sich der smarte Wecker auch als Erweiterung der eigenen Amazon Echo Familie in den eigenen vier Wänden. Die Interaktion per ‚Drop In' mit anderen Amazon Echo Geräten sowie der Alexa App funktioniert einwandfrei und könnte kaum besser sein.

Zusammenfassend kann man festhalten, dass sich der Amazon Echo Spot für jeden eignet, der bereit ist 130 Euro für deutlich mehr als nur einen Wecker auszugeben. Außerdem sollte man nochmals etwas Geld in ein externes Audioausgabegerät investieren, um neben vielen tollen Funktionen auch einen exzellenten Sound geboten zu bekommen. Wer also mehr als nur die Standard-Funktionen des Amazon Echo Dot oder des

Amazon Echo haben möchte und wem 220 Euro für den Amazon Echo View zu viel sind, der wird mit dem Amazon Echo Spot nichts falsch machen. Nicht nur, dass der wird sich auch jede Menge Spaß sowie hilfreiche Funktionen und neue Möglichkeiten ins Haus holen.

Für 130 Euro bekommt man mit dem Amazon Echo Spot ein tolles Echo Gerät mit Display und vielen hilfreichen Funktionen.

Disclaimer

Dies ist ein inoffizieller Ratgeber. Der Inhalt dieses Buches wurde mit großer Sorgfalt erstellt und geprüft. Allerdings kann für die Vollständigkeit, Richtigkeit und Aktualität der Inhalte keine Garantie oder Gewähr übernommen werden.

Dieses Buch enthält Links zu anderen Webseiten, die nicht durch den Autor oder den Ersteller dieses Buches betrieben werden. Daher haben wir keinen Einfluss auf deren Inhalte. Allerdings wurden die verlinkten Seiten zum Zeitpunkt der Verlinkung auf mögliche Rechtsverstöße überprüft. Für die Inhalte der verlinkten Seiten ist aber der jeweilige Betreiber verantwortlich. Rechtswidrige Inhalte konnten zum Zeitpunkt der Verlinkung nicht festgestellt werden.

Amazon, Echo und alle korrespondierten Namen und Logos sind Marken von Amazon.com, Inc. oder einer Tochtergesellschaft.

Amazon, Echo and all related names and logos are trademarks of Amazon.com, Inc. or its affiliates.

Impressum

Felix Keidel

Zur Hirschruh 16

36251 Ludwigsau

Deutschland

www.ingramcontent.com/pod-product-compliance
Lightning Source LLC
Chambersburg PA
CBHW041154050326
40690CB00004B/560